Carlos se dispor[...]
[...]ência numa esc[...]
[...]empo livre. Tant[...]
[...]oi "manuscrito" e[...]
[...]eutral nova ch[...]
est; nada nos ad[...]
[...]a consequência
[...]tos altamente li[...]
passos, já que est[...]
tempo real — a[...]
sentir defront[...]
foi apenas l[...]

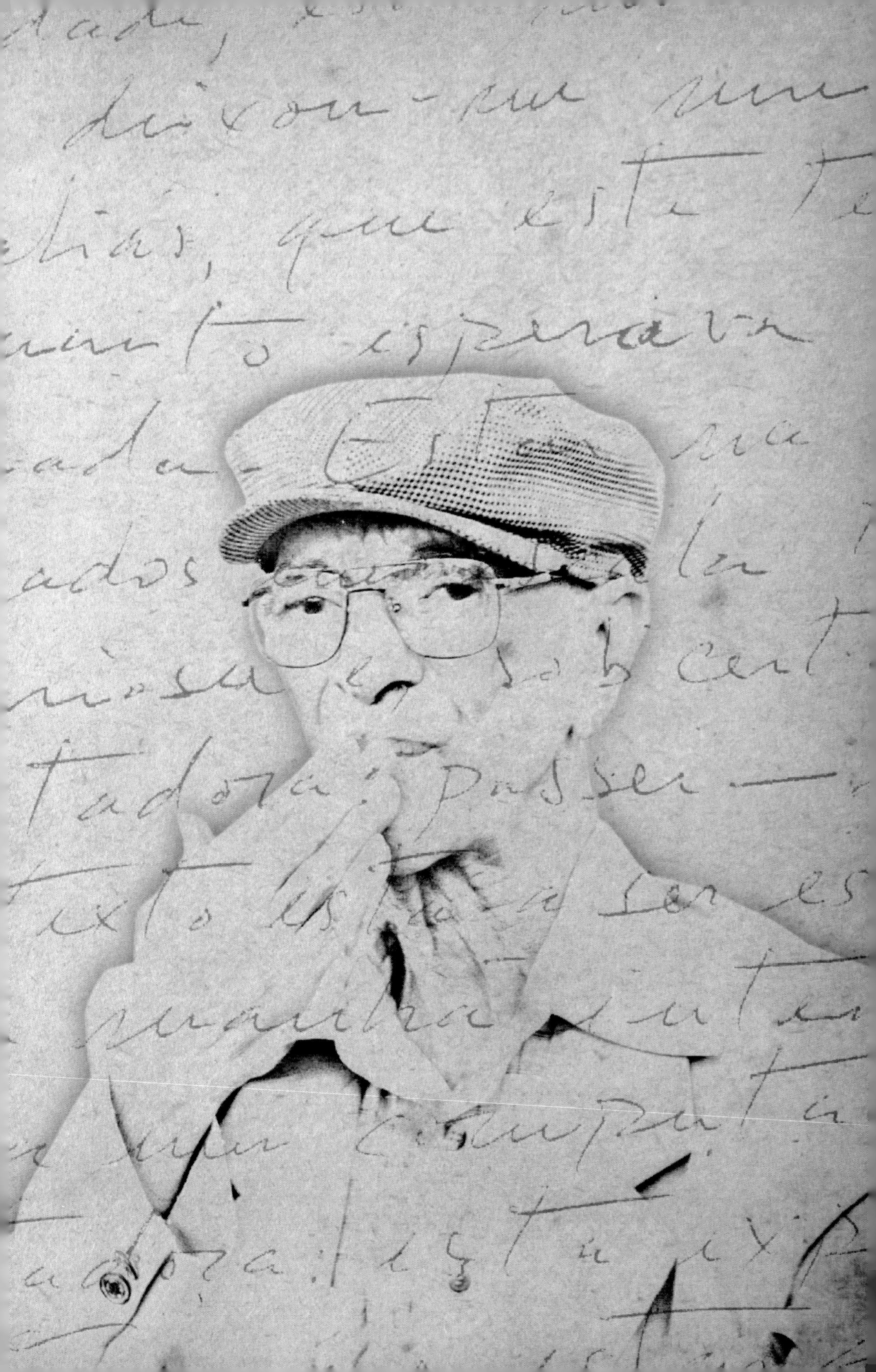

NOTÍCIAS DE CHICO

Copyright © 2018 by Samuel Gomes

1ª edição | Março 2018 | 1º ao 4º milheiro

Dados Internacionais de Catalogação Pública (CIP)

XAVIER, CHICO (Espírito)

Notícias de Chico;
Pelo espírito Chico Xavier; psicografado por Samuel Gomes
1ª ed. - Belo Horizonte: Dufaux, 2018

190 pág. - 16 x 23 cm   ISBN: 978-85-63365-96-5

1. Espiritismo   2. Espiritualidade   3. Relações humanas

I. Título   II. GOMES, Samuel

CDU — 133.9

Impresso no Brasil   Printed in Brazil   Presita en Brazilo

EDITORA DUFAUX
R. Contria, 759 - Alto Barroca
Belo Horizonte - MG, 30431-028
Telefone: (31) 3347-1531
comercial@editoradufaux.com.br
www.editoradufaux.com.br

 Conforme novo acordo ortográfico da língua portuguesa ratificado em 2008.

Os direitos autorais desta obra foram cedidos pelo médium Samuel Gomes à Associação Religiosa Grupo de Estudos Espíritas Os Mensageiros. Todos os direitos reservados à Editora Dufaux. É proibida a sua reprodução parcial ou total através de qualquer forma, meio ou processo eletrônico, digital, fotocópia, microfilme, internet, cd-rom, dvd, dentre outros, sem prévia e expressa autorização da editora, nos termos da Lei 9.610/98 que regulamenta os direitos de autor e conexos.

Notícias de Chico

Pelo espírito
Chico Xavier

Psicografia de
Samuel Gomes

Série
Estudos Doutrinários

Dufaux
editora

Sumário

APRESENTAÇÃO..10

PRIMEIRA PARTE

CAPÍTULO 1..14
O QUE ESPERAR DO MOMENTO ATUAL DA TERRA

CAPÍTULO 2..18
O SENTIMENTO DEVE SER A BASE DOS TRABALHOS DO ESPIRITISMO

CAPÍTULO 3..24
ENCONTRO COM ISMAEL EM PLENO CORAÇÃO DO BRASIL

CAPÍTULO 4..30
CAMINHOS NOVOS PARA A DOUTRINA DOS ESPÍRITOS

CAPÍTULO 5..36
NOVOS TRABALHOS PARA EMMANUEL

CAPÍTULO 6..40
INFLUÊNCIAS DO PASSADO NA NOVA PERSONALIDADE

CAPÍTULO 7..46
O RETORNO DOS COMPANHEIROS QUE LANÇARAM AS BASES DA DOUTRINA NO BRASIL

CAPÍTULO 8..50
O PERIGO DO APEGO À CONDUTA INFELIZ DE FAMILIARES

CAPÍTULO 9..58
RESGATES DE ESPÍRITOS PARA O DEGREDO

CAPÍTULO 10..64
A FALTA DA EVANGELIZAÇÃO DO ESPÍRITO NA VIDA DOS JOVENS

CAPÍTULO 11..70
ANONIMATO – A DESPERSONALIZAÇÃO DO SER PARA A COMUNHÃO COM O PAI

CAPÍTULO 12..76
REFORMA ÍNTIMA – A AUTOCURA NA REGENERAÇÃO

CAPÍTULO 13..82
PARA LIDERAR, É PRECISO APRENDER A AMAR

CAPÍTULO 14..88
POSTURAS QUE OS ESPÍRITOS CONSCIENTES PRECISAM DESENVOLVER

CAPÍTULO 15..94
A INCONSCIÊNCIA ESPIRITUAL DOS QUE SÃO EXILADOS

CAPÍTULO 16..100
AUTOCONHECIMENTO – O PROPÓSITO MAIOR

CAPÍTULO 17..108
SUPERAÇÃO DO EGOÍSMO PELA TRANSFORMAÇÃO MORAL

CAPÍTULO 18..114
DIÁLOGO COM CAIRBAR SCHUTEL

CAPÍTULO 19..120
ALGUNS OBJETIVOS IMPORTANTES DA MINHA NOVA MISSÃO

CAPÍTULO 20..126
RECADO DIVINO

SEGUNDA PARTE

CHICO XAVIER RESPONDE..................................130

MENSAGEM FINAL 172

Apresentação

Quando compartilharmos o melhor que pudermos oferecer, a trajetória da vida criará condições para a vitória sobre as imperfeições que ainda trazemos.

O roteiro de inspiração para alcançar o êxito é o Evangelho de Nosso Senhor Jesus Cristo, que sempre nos ampara e auxilia, a fim de que possamos nos transformar em alegria e paz para a vida dos que nos cercam.

O amor do Pai é a única certeza que temos e Ele, com Sua inteligência superior, nada faz que contradiga a sabedoria. É para ela que devemos nos voltar, cooperando com Suas determinações sábias e justas sobre a nossa transformação, bem como a da própria Terra.

Peço licença para desenvolver algumas considerações, sem a pretensão de trazer algo extraordinário, mas o faço para nossas reflexões, sentindo-me ainda bastante limitado para afirmar, com autoridade, que sei de muitas coisas.

Vou partilhar alguns conhecimentos singelos, com o objetivo de demonstrar aos irmãos de caminhada que a embarcação chamada Terra não está perdida em meio às ondas desgovernadas desse período de transição; muito pelo contrário, ela permanece firme em seu roteiro de experiências para atingir o porto seguro da perfeição espiritual.

As mudanças pelas quais passamos são fundamentais nessa rota e é importante entender que as transformações não partem de fora para dentro, mas ao íntimo de cada ser, local mais sagrado que existe para o Pai.

Muito ainda há para ser feito nessa linha de criação, e Jesus, trabalhador incansável, conta conosco como instrumentos do bem e da verdade, onde estivermos. Só assim efetivaremos os objetivos que estão determinados para nós e para o mundo.

Unidos como um só corpo e fundamentados por essa perspectiva de crescimento, construiremos o Reino dos Céus divulgado pelo divino Rabi há mais de dois mil anos, sobre o qual Ele deu o testemunho do mais perfeito processo de evolução: "Que vos ameis uns aos outros, assim como eu vos amei".[1]

Com estes *propósitos*, convido-os, meus queridos, para mais uma caminhada de reflexões e apontamentos, lembrando sempre que todos somos apenas "ciscos" nesse movimento de renovação; se existe alguém que merece a congratulação direta por qualquer vitória, é o Cristo e é para Ele que devemos depositar todas as conquistas, passadas e futuras.

Talvez muitos amigos aguardem de mim um trabalho excepcional, com revelações e fenômenos extraordinários, mas, na verdade, o meu intuito singelo é despertar a capacidade espiritual do homem para transformar sua vida num campo onde Deus possa se manifestar.

---

1 João, 15:12.

Nessa empreitada, Cidália[2] representa uma melodia de paz e segurança ao meu espírito necessitado. É como um anjo a me dirigir e orientar, acolher e amparar, dando-me força e sustentação diante dos propósitos no bem e na prática da caridade que me cabem desempenhar. Ela é um espírito ligado ao meu pelas portas dos sentimentos nobres, criando um elo que se perde nas longas jornadas que trilhamos juntos, construindo vínculos de amor mútuo que nos unem na eternidade.

Chico Xavier
Belo Horizonte, agosto de 2015.

---

2 Cidália Batista – Segunda esposa de João Cândido Xavier, pai de Chico. A primeira medida dela foi recolher os nove filhos do primeiro casamento de João, dispersos pelas casas de parentes e amigos. *As vidas de Chico Xavier*, Marcelo Souto Maior, capítulo 24.

Quando compartilharmos o melhor que pudermos oferecer, a trajetória da vida criará condições para a vitória sobre as imperfeições que ainda trazemos.

PRIMEIRA PARTE

1

O que esperar do momento atual da terra

Muitos pensam que a regeneração da Terra é uma realidade distante e que o trabalho de transformação moral pode esperar, mas estão enganados e, como as virgens loucas[1], podem ser surpreendidos percebendo, tardiamente, que não possuem o "óleo" necessário para acenderem a própria candeia e fazer luz para seus caminhos. Trazendo para nossas experiências, esse óleo seria o combustível necessário para acendermos a própria luz, representado pelos aspectos espirituais. A falta destes, diante dos interesses imediatos, causa a perda da oportunidade recebida dos esclarecimentos tão claros desses dias.

Nos acontecimentos atuais que estimulam o medo e a desesperança, a agressividade e o desrespeito, surge o momento favorável para que o amor, a caridade, o perdão e a compreensão sejam colocados em prática pelos que estão despertos à verdade maior do bem e querem aproveitar a oportunidade bendita de estarem reencarnados em pleno período de transição planetária.

É natural que haja desespero e desorientação por parte dos espíritos perdidos e conturbados ao saberem que os limites se tornam cada vez maiores para levarem adiante suas intenções infelizes, já que a porta está sendo fechada para a maldade na Terra.

Nesse tempo, devemos evitar as reações impulsivas diante do desrespeito e desamor alheios – emoções essas que nos ligam à caminhada evolutiva no reino animal – e, a exemplo de Divino Amigo, oferecer a outra face, o que representa agir com o que possuímos de melhor em benefício da paz

---

[1] Mateus, 25:8-9 – "E as loucas disseram às prudentes: Dai-nos do vosso azeite, porque as nossas lâmpadas se apagam. Mas as prudentes responderam, dizendo: Não seja caso que nos falte a nós e a vós, ide antes aos que o vendem, e comprai-o para vós.".

e da harmonia, procurando ser um dos poucos escolhidos diante dos muitos que foram chamados para viver nesse momento fundamental de mudanças.

Não nos cabe mais ficarmos sentados de braços cruzados e esperar que as coisas aconteçam do lado de fora, aguardando sermos beneficiados pelas ocorrências do mundo. Somos as mãos de Jesus que podem concretizar as mudanças junto aos mais enfraquecidos e desolados.

É necessário nos ligarmos às fontes de sabedoria e amor, todos os dias, por meio da oração e da meditação, ampliando nossas antenas mentais e nos sintonizando com as inteligências superiores. Essas habilidades nos darão condições de assumirmos a posição de peças do bem para auxiliar, amparar e renovar a vida íntima e nos transformarmos nos samaritanos[2] que encontram os caídos e feridos pelas ilusões da existência física e os auxiliam.

Os recursos das nossas forças físicas e mentais serão as vias de transporte para deixá-los acolhidos no albergue de nossos sentimentos fraternais, fazendo com que se sintam recuperados e reajustados aos seus propósitos de vida.

A exemplo desse nobre espírito, que já nos ampara e auxilia dessa mesma forma desde sempre, poderemos ter uma Terra modificada e abençoada, refletindo a morada celestial.

---

2 Lucas, 10:30-35 – "E, respondendo Jesus, disse: Descia um homem de Jerusalém para Jericó, e caiu nas mãos dos salteadores, os quais o despojaram, e espancando-o, se retiraram, deixando-o meio morto. E, ocasionalmente, descia pelo mesmo caminho certo sacerdote; e, vendo-o, passou de largo. E de igual modo também um levita, chegando àquele lugar, e, vendo-o, passou de largo. Mas um samaritano, que ia de viagem, chegou ao pé dele e, vendo-o, moveu-se de íntima compaixão. E, aproximando-se, atou-lhe as feridas, deitando-lhes azeite e vinho; e, pondo-o sobre a sua cavalgadura, levou-o para uma estalagem, e cuidou dele. E partindo no outro dia, tirou dois dinheiros, e deu-os ao hospedeiro, e disse-lhe: Cuida dele; e tudo o que de mais gastares eu pagarei quando voltar.".

2

O sentimento deve ser a base dos trabalhos do espiritismo

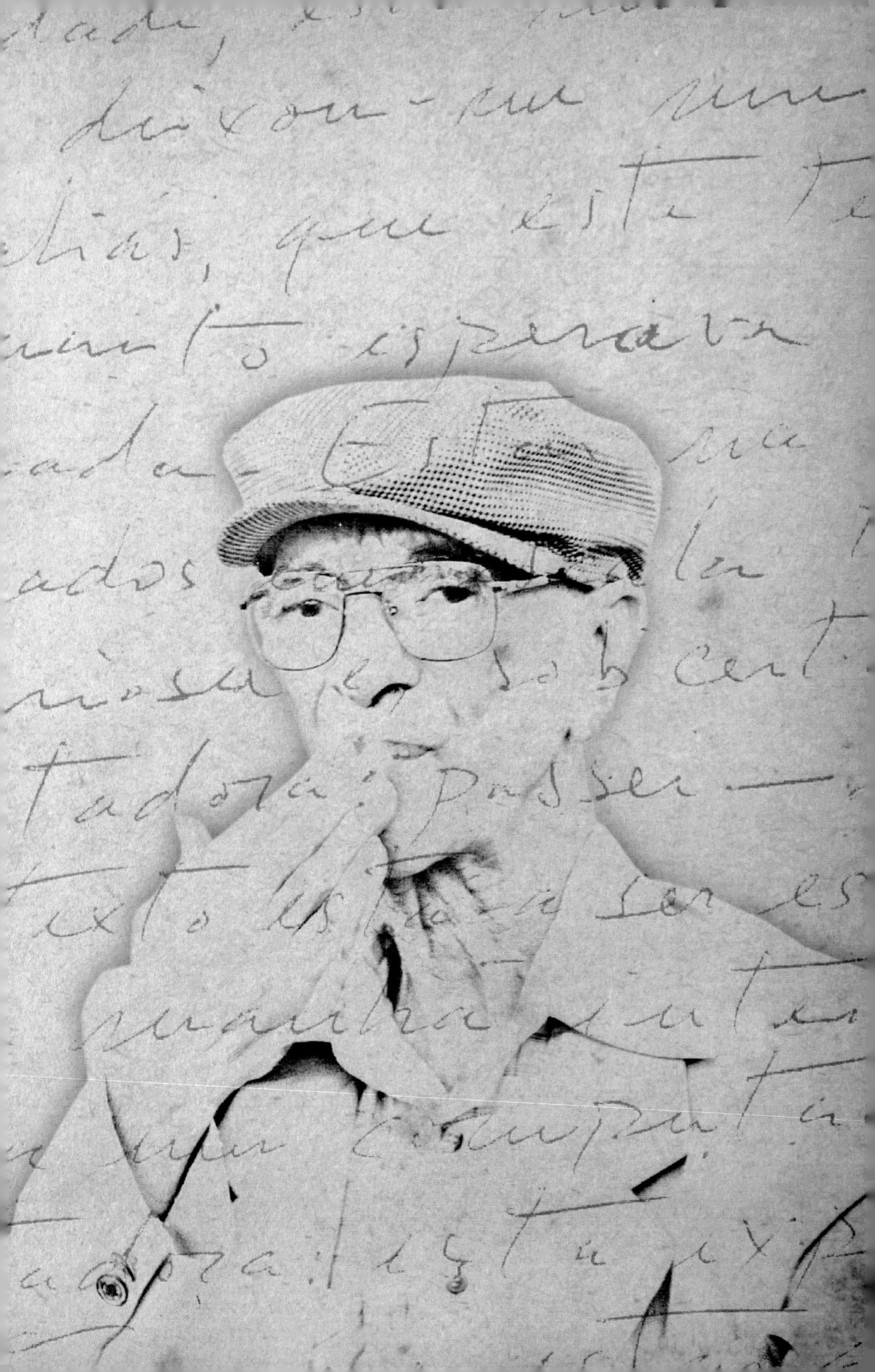

Uma noite se abate sobre a humanidade trazendo a sensação de insegurança mesclada pela desesperança. São estados emocionais que a maioria alimenta por perder a ilusão de uma felicidade cujos fundamentos se encontram fora da simplicidade da vida proposta por Aquele que andou pela Terra sem ter um travesseiro para descansar a cabeça e sem nenhuma garantia oferecida pelas riquezas do mundo. Toda a Sua vida foi e é sustentada na comunhão com a Fonte Eterna da sabedoria.

A exemplo Dele, é chegada a hora de despertar a essência da natureza espiritual, que não deve se identificar com as forças passageiras pelas quais a maioria tem dirigido seus anseios. A fé bruxuleante e frágil, fundamentada nos interesses e no ganho fácil, deixará de ser a diretriz das consciências despertas pelos propósitos elevados.

As balizas que estruturarão as novas etapas da vida na Terra estão nas mãos dos que estão despertos para a verdade universal que marca a implantação dos valores e qualidades característicos da regeneração. Essa verdade é composta pela realidade do espírito imortal, pela reencarnação, pela imortalidade da alma, pela pluralidade dos mundos, entre outros vários princípios que regem a vida em toda parte.

Enquanto as últimas horas dessa madrugada correm para determinar escolhas e definir a ordem individual e coletiva, o amanhecer de um dia já imprime o destino funcional para o mundo, num clima de paz e harmonia como determina Jesus.

As fases de implantação dos conhecimentos espirituais e do exercício livre e consciente da mediunidade se efetivaram, já apresentando as colheitas mais abundantes nesses setores. O Jardineiro Celeste percebe que as primeiras florações se apresentam nos corações dos que foram preparados pelas experiências evolutivas e revelações espirituais trazidas por Ele, para esse fim.

Se o desenvolvimento do ser se fundamentava nos conhecimentos adquiridos no mundo que o cerca para tocar a intimidade, atualmente, as forças da verdade devem surgir da fonte da própria vida que permanece em cada um.

Hoje, a Doutrina Espírita busca a vivência e a exemplificação baseadas no despertar do sentimento que se estabelece no espírito, fonte inspiradora dos reais valores e não mais na órbita dominante do raciocínio. Nessa inversão de experiências, é o sentimento reto que dirigirá os pensamentos para que o sentir seja o fundamento das verdades espirituais, as quais até hoje se estabeleciam nas matrizes da razão. A espiritualidade passa a nascer da intimidade afetiva do ser, base da sua verdadeira origem.

Cidália, minha segunda mãe na última encarnação, é companhia inseparável nesta nova empreitada. Fomos preparados para dar continuidade aos programas de desenvolvimento do Consolador Prometido[1] nesta fase de desenvolvimento do orbe.

Nessa nova proposta, aguardamos as orientações dos instrutores quanto aos trabalhos a serem efetivados junto aos encarnados que estariam sob nossas responsabilidades mais diretas.

---

[1] João, 14:26 – "Mas aquele Consolador, o Espírito Santo, que o Pai enviará em meu nome, esse vos ensinará todas as coisas, e vos fará lembrar de tudo quanto vos tenho dito.".

Uma delas é a troca de papéis entre aquele que foi meu mentor espiritual na última encarnação e eu. No passado, o amado mentor me chamava constantemente à razão e, agora, minha tarefa se fundamenta no desenvolvimento do sentimento junto ao seu coração.

Partimos de nossa cidade sideral rumo à implantação dessa empreitada a fim de que se cumpra a edificação do Espírito da Verdade prometido pelo Mestre e, conforme Suas palavras, a realidade do espírito não seria perceptível pela ciência de nossos tempos, demostrando que "estaria em vós, mas o mundo não o veria"[2].

---

2 João, 14:17 – "O Espírito de verdade, que o mundo não pode receber, porque não o vê nem o conhece; mas vós o conheceis, porque habita convosco, e estará em vós".

A espiritualidade passa a nascer da intimidade afetiva do ser, base da sua verdadeira origem.

[...]rlos de dispor [...]
[...]ência numa esc[...]
[...]empo livre. Tant[...]
[...]oi "manuscrito" e[...]
[...]ventual nova ch[...]
[...]est; nada nos ad[...]
[...]na consequência [...]
[...]tos altamente li[...]
[...]passar, já que es[...]
[...]tempo real — n[...]
[...]e sentir defron[...]
[...] foi apenas [...]

3

Encontro com Ismael em pleno coração do Brasil

Depois de fixar as condições iniciais da minha presença junto ao meu antigo mentor, agora reencarnado – e que aqui chamarei de Lucas para preservar-lhe a personalidade –, busquei resgatar a afinidade necessária e passei a acompanhar mais frequentemente sua caminhada na atual existência, a fim de não criar nenhum constrangimento ou tirar a liberdade que cada ser deve ter em suas escolhas e intenções.

Sem me sentir preso a esse intercâmbio, parti em direção de outras paisagens com o intuito de auxiliar e cooperar nas vastas frentes de trabalhos, em todos os quadrantes do Brasil.

Nesse dia, fui em direção a Brasília, onde participaria de uma reunião na sede do movimento espírita, a casa de Ismael[1], nosso dirigente maior e irmão abnegado da causa de Nosso Senhor, que abordaria o desenvolvimento do Consolador nas terras brasileiras.

Encontramos com irmãos queridos que nos acolheram com carinho fraternal e, entre eles, vimos o estimado irmão dos sofredores, nosso paternal Bezerra de Menezes[2], o querido amigo Frederico Figner.[3] Vasta comitiva de companheiros

---

[1] Ismael é retratado como o anjo guardião do Brasil na obra Brasil, coração do mundo, pátria do evangelho, de autoria espiritual de Irmão X e psicografia de Chico Xavier, Editora FEB.
[2] Adolfo Bezerra de Menezes Cavalcanti, mais conhecido apenas como Bezerra de Menezes, foi um médico, militar, escritor, jornalista, político, filantropo e expoente da Doutrina Espírita. Conhecido também como "O Médico dos Pobres".
[3] Fred Figner, conhecido como Frederico Figner (1866-1947), foi um emigrante tcheco de origem judaica. Nos últimos anos do século 19, Frederico Figner teve o primeiro contato com o Espiritismo durante suas conversas com seu cliente Pedro Sayão. Não deu muita importância ao que ouvia até o momento em que presenciou alguns casos de cura e de benefícios promovidos pelo Espiritismo. Trabalhou incessantemente na Federação Espírita Brasileira até pouco antes de morrer, atendendo doentes que procuravam a instituição para tratamento espiritual.

amorosos de todos os recantos brasileiros, participavam daquela singular reunião onde seriam estabelecidas diretrizes para o movimento espírita com a finalidade de consolidar rumos inéditos determinados por Jesus.

Fomos recebidos pela equipe dos trabalhadores de Ismael, muitos dos quais já tinham sido presidentes daquela instituição no plano físico, bem como outros companheiros que não tiveram o nome destacado por cargos, mas que foram as formiguinhas anônimas e silenciosas que se dedicaram à causa da verdade espiritual, levando sua mensagem na própria vida.

Entramos em um vasto salão de conferências que abrigava confortavelmente a presença de mais de dez mil companheiros, tanto da nossa esfera quanto dos amigos do plano físico que estão comprometidos com esses trabalhos.

No centro, em um nível mais alto, havia uma plataforma com cinquenta lugares reservados que, em cada reunião, eram ocupados por aqueles que estivessem mais diretamente ligados ao tema que seria debatido.

Eu integrava o grupo dos que fundamentariam as decisões daquele dia. Tive a alegria de reencontrar muitos confrades das diversas organizações espíritas do país, os quais me acolhiam com carinho e afetividade e procurava correspondê-los amorosamente, sempre me colocando na condição de simples operário do Cristo, assim como eles mesmos o são. Necessário demonstrar que o valor essencial de todos os trabalhos pertence ao Mestre, para quem devemos creditar as conquistas e os resultados positivos das tarefas abraçadas por cada um de nós.

Em se tratando de nossas personalidades, elas não têm importância alguma, pois são passageiras e se perdem na poeira dos tempos. Na verdade, o que fica é o espírito que não tem nome ou forma nem se apega ao que é transitório.

Era evidente o empenho de todos no trabalho do bem e a reunião representava uma festa ao meu coração, principalmente por saber que muitos seriam beneficiados por aquele esforço coletivo na construção de um mundo melhor.

Algumas músicas foram entoadas por sublime conjunto musical e, logo após, Ismael deu início aos trabalhos em pauta, rogando emocionadamente a Jesus que abençoasse nossas intenções. Como se fôssemos ouvidos pela sensibilidade amorosa do Mestre, uma chuva de miosótis coloridos caiu sobre nós, trazendo profunda alegria.

Na verdade, o que fica é o espírito que não tem nome ou forma nem se apega ao que é transitório.

4

Caminhos novos para a doutrina dos espíritos

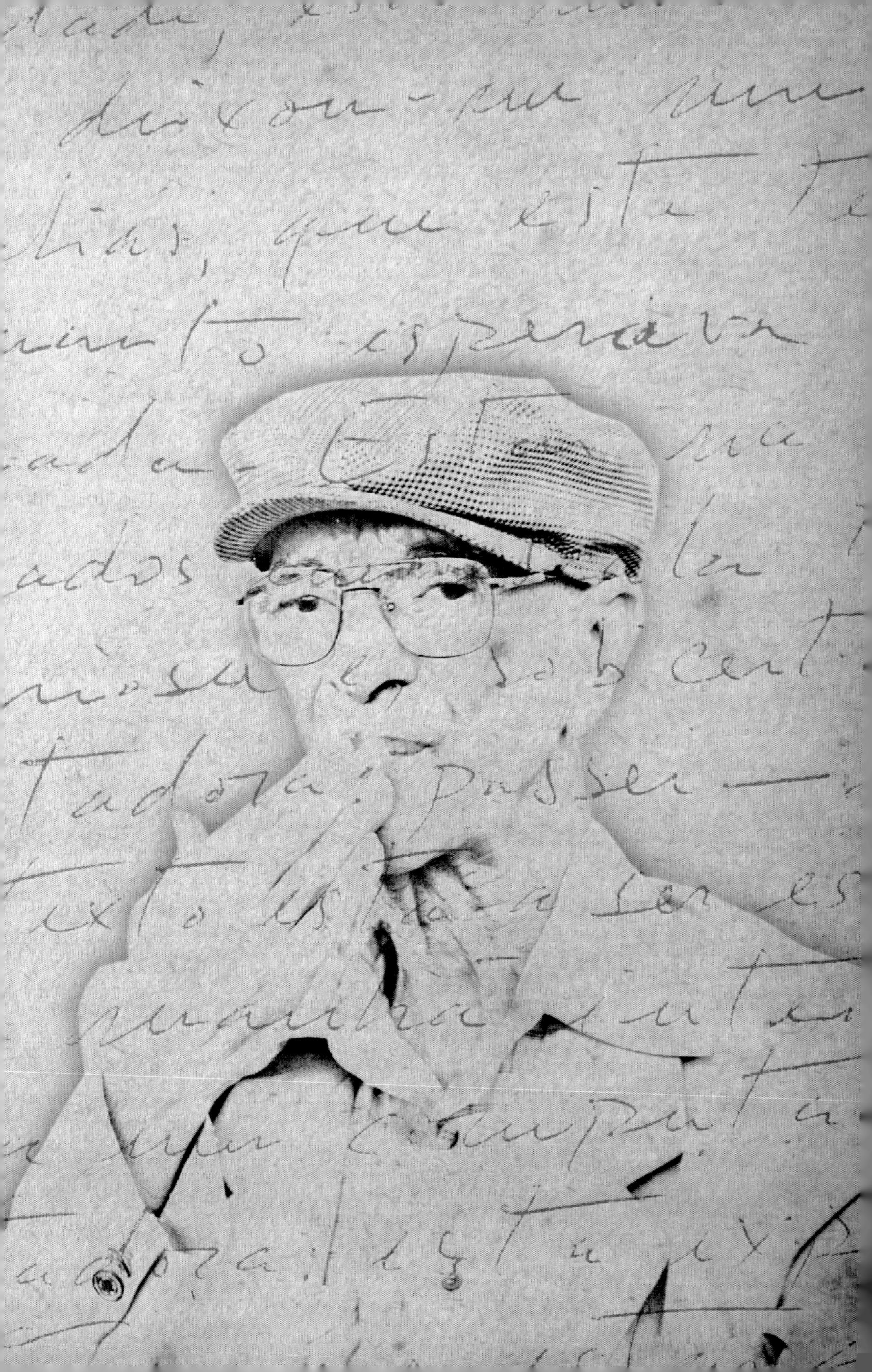

Farei breve resumo da reunião convocada por Ismael, na busca de candidatos à implantação das novas bases de trabalho do Consolador Prometido, a fim de levar as últimas determinações aos irmãos comprometidos com a renovação do movimento espiritual.

Em meu caso específico, estava engajado no desenvolvimento de uma metodologia de aprendizado cuja base seria obtida nas linhas da própria intimidade. Nela, o sentimento e a percepção de si mesmo seriam a forma mais eficaz de aprendizagem, onde os conhecimentos adquiridos, que fundamentaram as bases da mente humana até hoje, dariam lugar ao sentir, viabilizando o entendimento real de que somos espíritos imortais. Sentir que somos espíritos é diferente de saber que somos espíritos.

A busca do conhecimento estava sendo deslocada para dentro de cada um, local onde está o fundamento real do Reino dos Céus, apresentado pelas palavras e exemplos de Jesus.

Necessitamos sentir as duas realidades fundamentais da vida – espírito e Deus – dentro de nós, nas matrizes profundas do amor que ultrapassa, em muito, os anseios do saber.

Nessa investigação interior, desdobramos a capacidade de percepção para realidades cujas extensões alcançam o infinito do Universo e proporcionam um maior intercâmbio com o Criador.

Quanto mais mergulharmos em nossa natureza real e divina, teremos mais capacidade para percorrer as distâncias da vida cósmica. Só na condição sagrada de espíritos eternos aprenderemos a nos comunicar diretamente com a Origem da vida.

Não há templo mais formoso do que o que carregamos e, ao nos apropriarmos dele, não dependemos mais das atividades exteriores de adoração para demonstrar a crença que temos em Deus.

A oração estará permanentemente inserida na forma natural de viver em sintonia com Ele, expressa em comportamentos espontâneos de respeito e de dedicação a nossa felicidade e a de todos.

Os olhos serão verdadeiros portais de sabedoria pelos quais enxergaremos um propósito elevado em tudo e em todos, sem julgamentos perturbadores, sem o anseio de nos tornarmos melhores do que ninguém, criando a condição verdadeira de que todos somos irmãos em espírito.

A boca, cujas palavras serão como músicas celestes ao coração alheio, será o maior instrumento de expressão da beleza e da harmonia, pois se tornará o canal de materialização da compreensão fraterna.

As mãos, ferramentas transformadoras da matéria, criarão objetos e formas sem a preocupação exclusiva dos aspectos estéticos e superficiais da beleza fantasiosa, promovendo a diminuição das necessidades e das dificuldades para que o que produzimos não seja ameaça ou causa da infelicidade humana.

E na feição do espírito que foi descrito por João, no livro do Apocalipse[1], seremos um ser revestido por uma túnica branca como a neve – a condição de espíritos redimidos –; com os cabelos iluminados – portando elevação profunda de nossos pensamentos –, cujos olhos serão como chamas transformadoras – visão adquirida sob a ótica espiritual da vida; com pés limpos e purificados – limpeza do passado de imperfeições e emoções perturbadas – como um metal reluzente, refinado no fogo de uma fornalha viva – sob a regência da pura consciência espiritual – que transforma nossas velhas experiências, tirando delas a possibilidade de influenciar nossas escolhas e ações.

---

[1] Apocalipse, 1:14-15 – "E a sua cabeça e cabelos eram brancos como lã branca, como a neve, e os seus olhos como chama de fogo. E os seus pés, semelhantes a latão reluzente, como se tivessem sido refinados numa fornalha, e a sua voz como a voz de muitas águas.".

A busca do conhecimento estava sendo deslocada para dentro de cada um, local onde está o fundamento real do Reino dos Céus, apresentado pelas palavras e exemplos de Jesus.

tudo de dispor [...]
[...]cia numa esc[...]
empo livre. Tant[...]
oi "manuscrito" e[...]
eventual nova ch[...]
est, inda aos ade[...]
na consequência
itos, altamente li[...]
passar, já que es[...]
tempo real — u[...]
sentir difroui[...]
foi apenas [...]

5
Novos trabalhos para Emmanuel

O objetivo maior era o de dar contribuição espiritual silenciosa, abrindo novas linhas de desenvolvimento do Consolador – mais sentido do que raciocinado –, buscando menor dependência dos encarnados para com os espíritos desse lado da vida, pois já se encontravam em condições de dar passos mais largos em direção à sua liberdade plena. A partir do momento em que se estabelecesse a maturidade pessoal, encarnados e desencarnados caminhariam juntos, com a mesma possibilidade de realizações espirituais.

Junto aos trabalhos a serem realizados, eu tinha de acompanhar o desenvolvimento físico e mental do querido benfeitor Emmanuel, dando continuidade ao vínculo energético-espiritual criado em nossa parceria de trabalhos mediúnicos quando estava encarnado, para iniciarmos outra etapa de serviços supervisionados pelos instrutores do espaço.

Seríamos assessorados por uma grande equipe de companheiros espirituais. Além de Cidália e eu, vários outros emissários do Senhor assumiriam tarefas semelhantes, não só no Brasil, mas no mundo inteiro, intensificando a qualidade espiritual das criaturas e do nosso planeta.

Mestres de diversas linhas de conhecimento espiritualizado mergulham novamente na vida física para iniciar a primeira etapa de fixação dos caracteres divinos que dariam uma qualidade mais espiritualizada aos homens.

O desenvolvimento das diversas expressões dos sentimentos, notadamente nas artes, seria uma das finalidades propostas para promover na Terra uma sensibilidade de percepção mais direta da presença do Pai em tudo o que nos cerca.

Nossa bendita morada passaria a se movimentar num ritmo mais harmônico do que apresentou até agora, regida pela musicalidade das esferas superiores, podendo vincular suas vibrações com o equilíbrio celestial.

O empreendimento trouxe alegria para minha alma, pois atuaria junto a muitos companheiros de nosso plano para fixar essa fase inédita. O Espiritismo concluía o período do despertar do homem pelos conceitos teóricos e, acionando seu potencial divino, promovia sua espiritualização pelo campo dos sentimentos nobres, reerguendo-o da condição material que o limitava.

O aprendizado da doutrina de luz se dará a partir dos registros vivos do nosso próprio ser – no estudo de si mesmo –, como a escrever o livro espiritual de nós mesmos, aproximando-nos da realidade de nosso Mestre de amor que é um livro vivo de Deus na Terra.

6

Influências do passado na nova personalidade

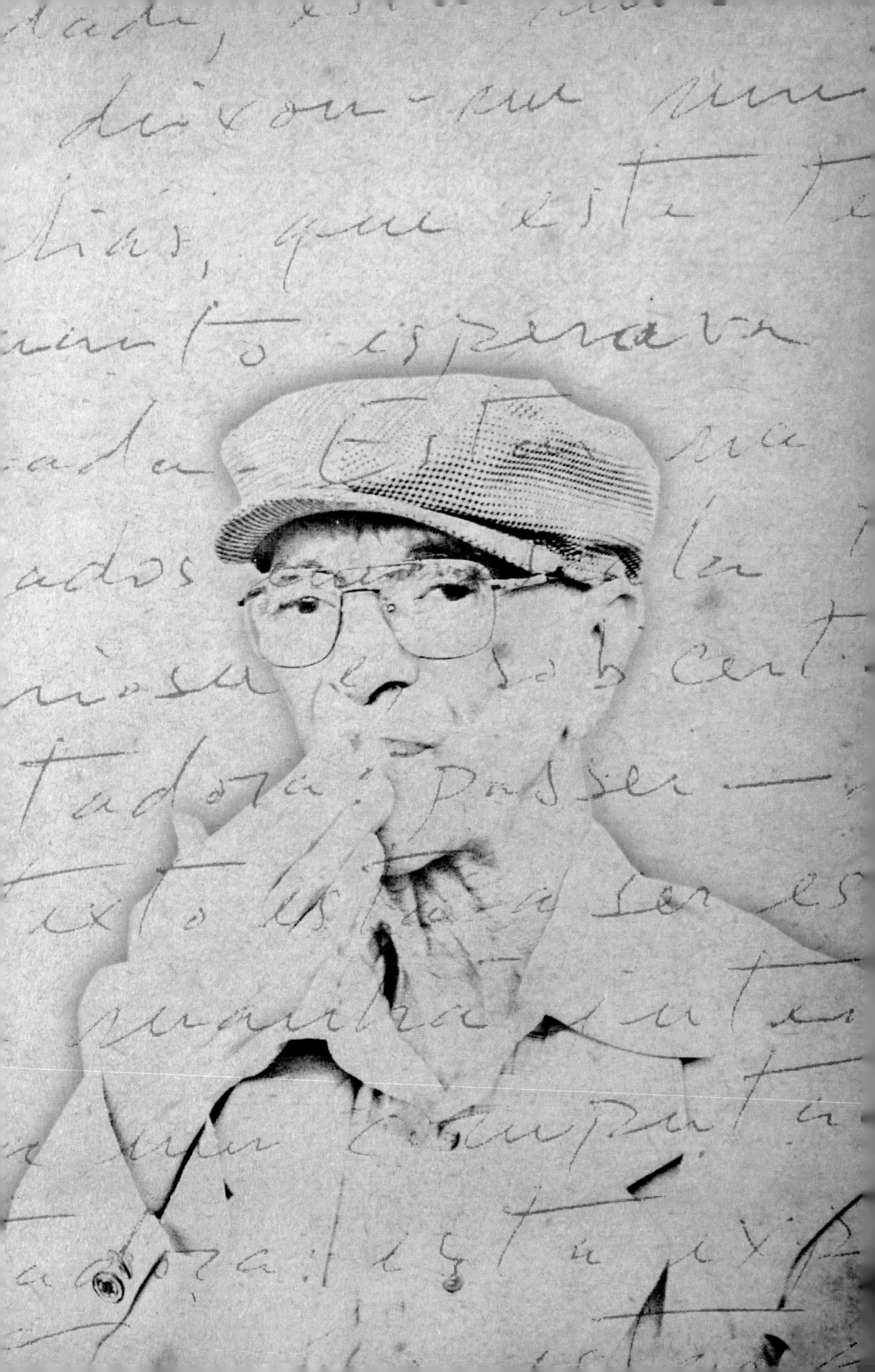

Estava empenhado na aproximação mais ostensiva junto a Lucas. Acostumado a trabalhar mediunicamente com ele quando encarnado (mas, agora, em perspectiva inversa), procurei introduzir minhas vibrações pessoais com mais objetividade em seu psiquismo a fim de criar o clima adequado aos serviços que iniciaríamos dali para frente.

Ele renascera numa expressiva cidade brasileira, que omitiremos o nome para preservar-lhe a liberdade de movimentação necessária junto aos compromissos que a vida material lhe exigia. Passamos a trocar algumas impressões de ordem mental, criando um diálogo interior que facilitasse o intercâmbio mais expressivo entre os corações.

Seus pais eram comprometidos com o movimento espírita, o que era muito favorável às nossas intenções de parceria. Como ainda se encontra na juventude, elaboramos a tarefa dentro de passos harmônicos e cuidadosos para não lhe causar problemas de ordem física, social ou familiar.

Cidália me auxiliava diretamente, pois ela também estava ali com o intuito de se aproximar da família que, na minha última encarnação, me foi muito cara[1]. Meus pais estavam interligados nessa empreitada, pois haviam retornado ao mundo físico para recebê-la, futuramente, como filha[2], criando, assim, uma maior intimidade e adequação de suas possibilidades de ação junto a esses companheiros queridos.

Era interessante notar as características de força e personalidade que se imprimiam na nova persona de meu mentor. Eram os mesmos traços de seu patrimônio espiritual,

---

[1] Aqui Chico faz referência a seus pais, João Xavier e Maria João de Deus, os quais já se encontram reencarnados. (Nota do Médium).
[2] Cidália se preparava para voltar como filha dos pais de Chico que, por sua vez, reencarnaram vinculados às propostas de trabalho de Emmanuel. (Nota do Médium)

sempre tão presentes nos trabalhos mediúnicos e atividades de orientação de quando eu ainda estava na Terra.

O que mais me admirava era o senso de responsabilidade com os compromissos de ordem espiritual e com os ensinos da Doutrina Espírita que já se destacavam em sua pouca idade.

Sua sensibilidade intuitiva já estava bem acentuada em função da preparação criteriosa que nossos técnicos realizaram em seu perispírito, objetivando a formação de um corpo físico com as melhores disposições no nível de desenvolvimento psíquico.

Diferentemente do que ocorreu comigo na última existência, sua capacidade de intercâmbio espiritual não estava tão ostensiva. Desde muito menino, eu já demonstrava acentuada sensibilidade no contato entre os mundos espiritual e material.

Nossos trabalhos se efetivariam numa mediunidade mais sutil desde o início, promovendo uma ligação mais forte pela intuição, seja nas atividades de psicofonia indireta em palestras, seja na psicografia intuitiva, sob a inspiração superior.

Na realidade, esse vínculo se acentuará cada vez mais, já que a maturidade de muitos encarnados assim o permite, intensificando os intercâmbios mais profundos e sérios bem como ampliando as ações espirituais no mundo físico.

Nesse padrão de amadurecimento coletivo, o que antes era mais raro – a mediunidade ostensiva – será comum, e o que for de ordem excepcional – curas e percepções do nível das realizadas por Jesus e dos Seus mensageiros – estará sendo desenvolvido por espíritos de destacada evolução, os quais estão nascendo, aos poucos, em todos os recantos do planeta para estabelecer as mudanças de comportamento com as quais o orbe realizará sua subida aos planos mais elevados da vida.

Assim, além de dar continuidade ao trabalho com nosso querido Lucas, estou mais presente na esfera física atuando decisivamente junto aos companheiros para que a Doutrina Espírita caminhe em direção ao novo ciclo de trabalhos e propósitos para a humanidade.

O período de crise pelo qual o planeta passa visa a mudar o padrão dos valores em todos os setores da sociedade, promovendo a melhoria na qualidade de vida no plano físico, que atingirá características similares às que hoje regem as colônias espirituais mais próximas da Terra, nos campos de espiritualização.

Essa meta superior abrirá caminho para que nos voltemos aos objetivos nobres do Pai, propostos pelo Mestre, à atual conjuntura da vida planetária.

Deus sabe direcionar todos os passos para chegarmos a essas metas e nos pede a adesão consciente aos princípios que regem o Universo. É uma caminhada que deve ser feita individualmente.

A condição de dependência espiritual caracterizada pelas mentes infantis não será mais o perfil dos homens que, estando amadurecidos no âmbito coletivo, serão espíritos mais responsáveis e independentes quanto ao que devem fazer em relação a si mesmos e aos compromissos que a vida lhes apresentar.

Nesse padrão de amadurecimento coletivo, o que antes era mais raro — a mediunidade ostensiva — será comum, e o que for de ordem excepcional — curas e percepções do nível das realizadas por Jesus e dos Seus mensageiros — estará sendo desenvolvido por espíritos de destacada evolução, [...].

tudo se dispõe [...]
ência numa esc[...]
empo livre. Tanto [...]
o "manuscrito" [...]
ventual nova et[...]
est-unda aos ad[...]
a consequência
tas altamente l[...]
passas, já que es[...]
tempo real — [...]
sentir dificul[...]
foi apenas [...]

7

O retorno dos companheiros que lançaram as bases da doutrina no Brasil

Com muita felicidade, via um grande número de companheiros e companheiras empenhados nas tarefas de divulgação da doutrina, demonstrando disposição sincera de abraçar os compromissos espirituais, diretamente ligados aos individuais, na área em que foram chamados a atuar.

Muitos dos que trabalharam na etapa anterior de implantação do conhecimento doutrinário no Brasil já haviam retornado e outros tantos se encontram prontos para também voltar ao plano físico. Eles têm o sentimento de dever cumprido, mas aguardam a oportunidade de poder contribuir com a nova fase, precisando, para isso, se preparar nas esferas além-túmulo, sob orientações já desenvolvidas nas colônias, adaptando-se a elas para reencarnar e ajudar em melhores condições.

Muitos deles precisarão renovar as concepções e métodos com os quais trabalharam anteriormente visando a maior acerto no desenvolvimento da mensagem esclarecedora e consoladora de uma doutrina mais livre e ecumênica.

Com muita alegria, notávamos o trabalho desses irmãos que se empenhavam na própria renovação espiritual e, que faziam do movimento espírita a extensão de seus esforços, desdobrando-se no campo a que foram convidados para atender e auxiliar os corações necessitados.

Expositores, trabalhadores sinceros das diversas áreas de atuação, médiuns em funções múltiplas, preparados anteriormente em nossos planos, vêm colaborando na consolidação dos projetos de despertar espiritual dos homens.

Quantas crianças, atualmente, trazem o germe dessas verdades em si mesmas para, no tempo certo, florescer e assumir os papéis traçados por Jesus, que devem desempenhar perante a humanidade.

Uma grande quantidade desses espíritos já se conhece essencialmente, eles se identificam e saberão conduzir aqueles que são iniciantes no processo de autodescobrimento, levando-os a se contactarem com a essencialidade da Vida.

Estão comprometidos em influenciar e apoiar os trabalhadores da última hora, estimulando-os mais diretamente a dar o testemunho de fé, seguindo as pegadas do Mestre que elegemos como referência para nosso crescimento.

Em todos os lugares, podemos constatar o efeito desse preparo, o qual torna possível que o planeta atraia, cada vez mais, espíritos evoluídos de outros orbes para viverem em seu seio a fim de fixarem suas conquistas rumo à sublimação.

Por isso mesmo, tínhamos a consciência da necessidade de apoiar, no que for possível, esses trabalhadores da última hora, estimulando-os nas novas linhas de atuação, para que sigam as pegadas Daquele que é o exemplo vivo de espiritualidade superior e referência para o nosso crescimento.

Sabemos que muitos não compreenderão esse chamamento inédito, inclusive alguns do próprio movimento da Doutrina Espírita, mas somos convocados a aplicar a compreensão, a solidariedade, o perdão, a compaixão, a exemplificação amorosa e a dedicação silenciosa para atuarmos como intérpretes do Cristo.

8

O perigo do apego à conduta infeliz de familiares

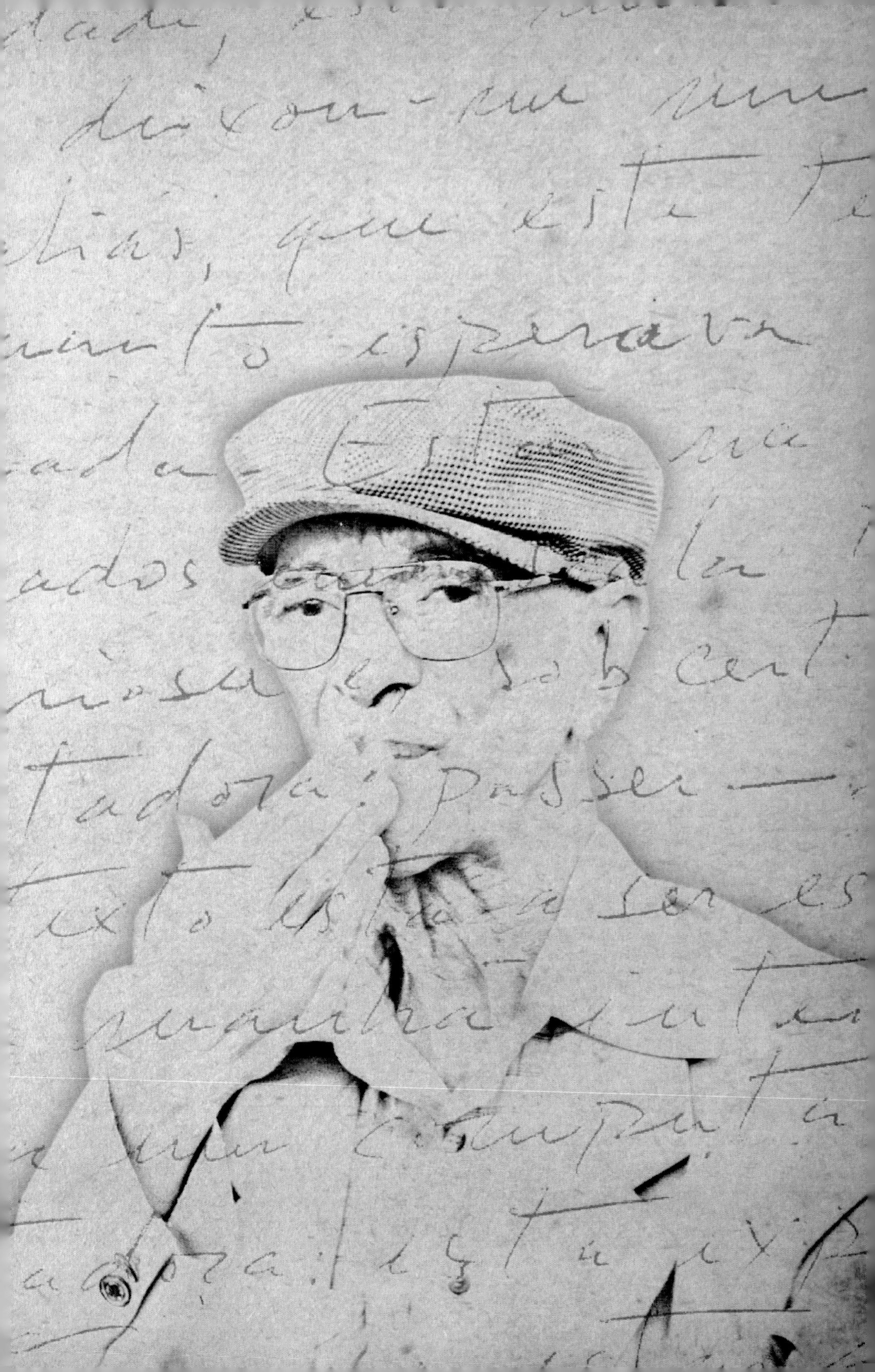

Participávamos de uma reunião de estudo do Evangelho em determinado centro espírita quando fomos chamados por Alfredo, um dos trabalhadores da casa, para auxiliar Eduardo, um amigo que tínhamos em comum. Era necessário amenizar suas dificuldades existenciais para que ele pudesse cumprir a missão que lhe cabia executar no movimento espírita.

Seu estado físico sofria desarmonia inesperada, causada por condições emocionais desequilibrantes em virtude de sua invigilância. Ele estava colocando em risco o restante da encarnação e a continuação das atividades programadas sob sua responsabilidade mais direta, perdendo grande parte dos créditos adquiridos até ali, caso seu retorno antecipado ao plano espiritual acontecesse.

Depois de terminadas as tarefas, Cidália e eu, acompanhados pelo irmão Alfredo, partimos em direção à residência do amigo, por quem guardamos sincera afeição.

Ao chegarmos, logo notamos a desarmonia do ambiente causada pelas vibrações inferiores de três entidades que estavam ali. Elas não percebiam nossa presença e me despertaram um sentimento de compaixão e respeito, por vê-las tão distanciadas dos caminhos retos do amor.

Eduardo permanecia sentado num canto da sala, entregue a pensamentos desgovernados, sustentados pelas emoções perturbadoras da angústia e da raiva que se misturavam num jogo de produção mental bem característico das entidades inferiores presentes. Esse estado era agravado pela carga adicional de cobrança e culpa, já que, na visão dele, esses sentimentos estavam em contradição com o interesse de crescimento espiritual que ele acalentava em função dos conhecimentos adquiridos na Doutrina Espírita. Tamanho desequilíbrio trazia sérias repercussões ao sistema cardíaco, comprometendo a manutenção do seu funcionamento.

Ao nos aproximarmos, pedi a Cidália que lhe aplicasse passes de limpeza e de recomposição energética para aliviar as tensões causadas por esse estado de conturbação mental generalizada.

Fizemo-nos visíveis àqueles irmãos de condições inferiores que logo se retiraram, contrariados, gritando em voz alta que voltariam depois para pegarem o que lhes pertencia. Emitimos a eles um sentimento de compaixão e carinho a fim de que pudessem levar alguma parcela do bem, já que estavam tão atormentados pela dor e pela vingança.

Observamos a repercussão da situação mental de Eduardo em seus corpos físico e perispiritual. Se continuasse assim, poderia antecipar negativamente o seu retorno à nossa realidade de vida. Além disso, ele ainda não estava adequadamente preparado para encarar essa volta de forma salutar e tranquila.

Depois de recompor as energias básicas da mudança mental a níveis psíquico, físico e espiritual, pedi à Cidália que buscasse alguns recursos da natureza para aplicarmos em seus corpos sutis visando a proporcionar uma recuperação mais eficaz de sua saúde geral.

Buscando mudar também a direção de seus pensamentos, inspirei que fizesse uma leitura edificante e elevada de *O Evangelho segundo o Espiritismo*. Ligando-se a esse comando e buscando modificar seu estado mental, abriu "ao acaso" o capítulo sete, cujo título é "Bem-Aventurados os Pobres de Espírito", e, recebendo nossa inspiração, fez a leitura dos itens cinco e seis que abordam a questão da humildade, ligando-a à aceitação perante as ocorrências infelizes da existência, nas quais devemos nos entregar à bondade do Pai, que sabe conduzir com sabedoria a solução necessária à felicidade.

Desdobramos alguns raciocínios quanto à possibilidade de deixar que cada pessoa que fazia parte da vida dele pudesse seguir as experiências que mais se enquadrassem em seus ideais de felicidade, mesmo que aos seus olhos essas escolhas fossem um caminho de queda. De todo modo, essas seleções também poderiam ser um processo de aprendizado.

Tentamos ampliar seu entendimento para que ele encontrasse, no trabalho que a doutrina lhe oferecia, um meio de realizar seus ideais mais nobres e de ser feliz, passando silenciosa e perseverantemente uma mensagem significativa de ética àqueles que conviviam com ele no dia a dia, por meio do exemplo digno, que é a melhor maneira de demonstrar a eficácia de uma crença superior. Toda sementeira, para dar os frutos, passa por um processo longo de trabalho e desenvolvimento, onde cada pessoa tem seu tempo de germinação e produção.

Na medida em que fazia essas reflexões, começou a chorar intensa e profundamente. A partir daquele instante de análise, propôs-se a fazer apenas o que estivesse ao seu alcance e deixou nas mãos de Deus a responsabilidade mais direta de cuidar dos seus. Era uma atitude que ele já sabia ser necessária, mas que relutava em tomar por ainda acreditar, e desejar, ter o controle sobre as escolhas infelizes de seus familiares, e por se sentir responsável pelos erros que cometiam, independentemente de seus conselhos e orientações quanto às ciladas de uma vida regida pela ambição e por interesses materiais. A sensação de fracasso que acalentava punha em risco sua programação reencarnatória, jogando-o em terrível ciranda mental.

Complementando o tratamento, Cidália aplicou-lhe os recursos medicinais de determinadas plantas que lhe caíram como verdadeira bênção, induzindo-o a dormir para que a recepção e a assimilação dos recursos recebidos pudessem se fazer com maior efeito.

Após receber os fluidos de inibição e prostração, os quais absorveu por sintonia natural em razão do tratamento, adormeceu de imediato e, conscientemente, juntou-se a nós em desdobramento.

Quando nos percebeu a presença, caiu de joelhos e, chorando como uma criança, não sabia se agradecia ou se entregava-se à alegria diante da surpresa do encontro.

Nós o levantamos e o abraçamos carinhosamente, colocando-nos na condição de irmãos com as mesmas necessidades e lutas, sempre atentos e vigilantes para atender às obrigações que nos cabem perante o convite de nosso querido Mestre, dentro do Seu roteiro de vida.

Disse-lhe amorosamente:

– O que é isso, Eduardo? Por acaso podemos nos entregar a esse estado mental perturbador? Ele nos rouba o entendimento da vontade do Pai, que está acima de todos os interesses e desejos, mesmo que esses estejam associados aos entes queridos da nossa vida.

Com um olhar que vai além dos interesses da existência física, temos o privilégio na certeza da imortalidade da alma, que está sempre a caminho da perfeição. Com esse recurso, é necessário desenvolver a tranquilidade e a confiança de que todos estão no caminho certo do crescimento – mesmo que tenham que passar por alguns percalços educativos. Não podemos duvidar do amor e da sabedoria de Deus, nem da ação direta ou indireta do Cristo – realizada por Seus representantes, nossos amigos espirituais, que fazem tudo o que é possível a nossa felicidade, estendendo Sua ação à vida de todos aqueles que amamos.

Concentre-se nos objetivos a que foi chamado em nome Dele que tudo sabe e fará para que as coisas cheguem aonde devem chegar, sem a interferência de nossos anseios e desconfianças.

Cada filho de Deus escolhe o melhor caminho para seu aprendizado e a precipitação e a queda geram a força propulsora de onde surgirão as reflexões e a sensibilização para a compreensão do bem e das ações enobrecedoras.

Confiemos, antes de tudo, no Pai que, baseado nas sábias leis que regem o Universo, fará o resto.

Escutando essas palavras de estímulo, Eduardo se jogou por inteiro em nossos braços. Nós lhe demos um beijo fraterno e o entregamos ao nosso irmão Alfredo para que pudesse entretê-lo em passeios e atividades de reposição energética e estímulos positivos a fim de que, no próximo amanhecer, pudesse mudar sua posição íntima com maior efetividade e retornar às atividades e compromissos com os quais conquistaria a vitória nas experiências programadas.

De retorno com Cidália, pudemos ainda falar sobre o quanto nos entregamos aos jogos dos pensamentos e emoções perturbadores. Precisamos aprender a lidar com esse laboratório vivo de forças criadoras que é a mente, conduzindo-a de forma a ser útil. Assim, ela deixaria de ser um instrumento causador de males e problemas como os que, ainda hoje, ocorrem com a maioria das pessoas que desconhece essa realidade autoeducadora, imprescindível para as propostas de vida numa Terra regenerada.

tado de disport...
ência numa esc...
empo livre. Tant...
o, "manuscrito" e...
ventual nova ch...
est, unda aos ad...
a consequência
tas, altamente l...
passar, já que es...
tempo real — u...
sentir diferen...
foi apenas [...]

9
Resgates de espíritos para o degredo

Fomos a uma região espiritual conturbada pelas emanações mentais de espíritos escravizados aos interesses distorcidos da verdade – muitas vezes imbuídos de boa intenção –, como foi o caso de Paulo matar Estevão em nome de sua fé. Estávamos ali com o objetivo de resgatá-los e conduzi-los à nova trajetória de existências em outra moradia planetária. Eram espíritos que não aceitavam os propósitos maiores da vida.

Nossa atuação era realizada com um respeito muito grande e de forma compassiva, como se o fizéssemos a alguém muito amado, sem constranger mais suas condições já tão difíceis.

Essa é a postura a ser adotada diante dos iludidos pelas expressões do poder, das oportunidades de ganho fácil, das facilidades que se transformam, infalivelmente, em dor e sofrimento.

O clima dessas entidades é de violência e desespero, uma vez que buscam uma ação extrema de revolta diante das mudanças que se operam no orbe.

Neste trabalho, pautamos nossas condições íntimas, como fazia Jesus, entre a compaixão e a serenidade, a fim de que nossa mente seja um campo favorável à intervenção dos mensageiros da luz que operam com naturalidade, plantando as sementes transformadoras e salutares.

A fraternidade deve legitimar nossas atitudes, atuando sempre num clima interno de oração que sustenta nossa paz e dá esperança em dias melhores.

Nutrindo esse estado íntimo, acolhemos todos e os conduzimos às colônias espirituais e postos de socorro, a fim de que pudessem pensar melhor nas oportunidades oferecidas a eles na Terra e que agora estavam perdidas. É lógico que nem todos os espíritos resgatados tinham condições para fazer essas reflexões, pelo menos naqueles momentos.

A maioria deles – os comandados e não as lideranças – se entregava sem resistência, em virtude da corrente de energias vigorosas emanadas coletivamente pelas mentes dos cooperadores espirituais. Essas emanações mentais faziam com que entrassem mais pacificamente nas celas do comboio que os transportaria às regiões de transição – a lua é uma delas por não ter encarnados que sofreriam com a presença desse contingente de espíritos perturbados –, onde seriam orientados sobre a perda da oportunidade na Terra, sobre o degredo, sobre o planeta novo, para depois alguns serem colocados em estado de prostração – espíritos mais revoltados que não têm condições de serem tocados – a fim de fazer a viagem rumo ao orbe que os acolheria.

A sabedoria de Deus é incansável na promoção do crescimento espiritual de seus filhos; indiferente ao tempo e aos mundos que oferece para nossa reeducação, Ele aguarda o despertar do potencial divino que semeou em cada criatura.

Para muitos olhos humanos, essas informações podem parecer um disparate, mas quando a maioria despertar, verá que é na silenciosa força do bem que se operam os movimentos da vida universal e, sem que as percebam, já estarão estabelecidas, naturalmente, as balizas da harmonia e da paz.

É claro que o trabalho não para e a parte que cabe aos homens terá de ser realizada, pois as mudanças serão frutos da cooperação entre os dois planos da vida, os quais se influenciam reciprocamente.

As naturezas espiritual e material formam a humanidade terrestre. O mérito de tudo se dará pela ação conjugada desses dois planos de ação, onde a ordem e o equilíbrio nascem da fonte inesgotável do amor do Cristo e de Seus representantes superiores que orientam os destinos sociais, religiosos e científicos do planeta.

Não tardará para que se efetive o deslocamento da maioria dos espíritos encarnados ligados à maldade, pois, depois da desencarnação, eles só acordarão no novo planeta que os acolherá.

Nossas palavras não são para promover preocupações e sofrimentos, mas para mostrar que as transformações necessárias já estão ocorrendo na Terra que, de mundo de provas e expiações, dá passagem à regeneração.

Todos estão comprometidos a colaborar, mesmo que em pequena parcela, no serviço de recolhimento desses irmãos que farão a nova caminhada de esforços e lutas que os aguardam no amanhã. Sem ampará-los, não conquistaremos o direito de permanecer no mundo regenerado.

A sabedoria de Deus é incansável na promoção do crescimento espiritual de seus filhos; indiferente ao tempo e aos mundos que oferece para nossa reeducação, Ele aguarda o despertar do potencial divino que semeou em cada criatura.

10

A falta da evangelização do espírito na vida dos jovens

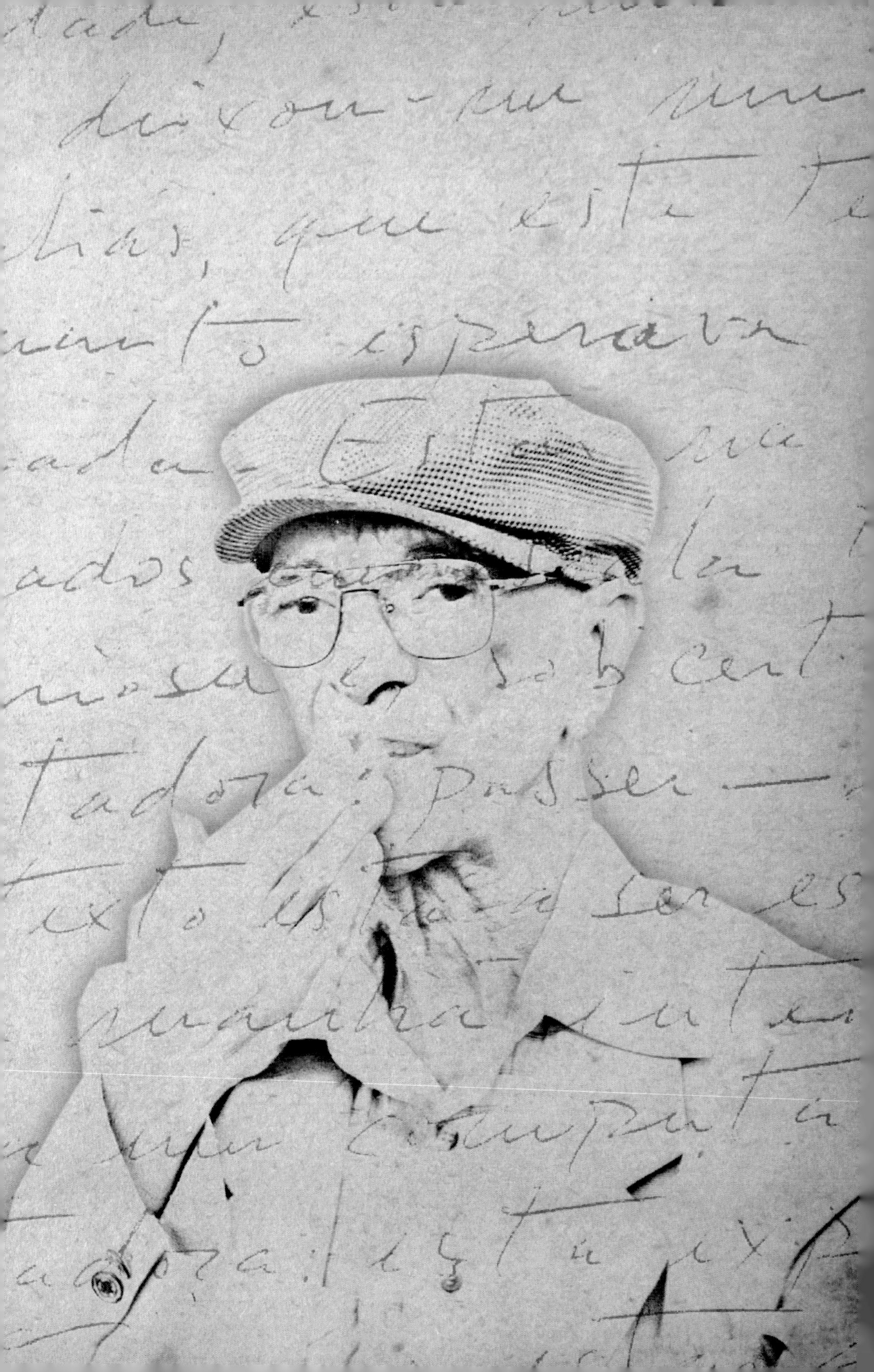

Cidália e eu estávamos em atendimento junto a uma família de trabalhadores espíritas que passava por dificuldades com o filho envolvido com drogas. Apesar de ter envolvimento com a doutrina, muitas famílias não se comprometem a dar a seus filhos uma orientação espiritual segura – por meio das evangelizações infantil e juvenil – de como lidar com suas tendências e dificuldades.

O jovem, não possuindo a orientação que o norteie para os objetivos elevados da existência, encontrava fuga precipitada na química entorpecedora, canal de ligações de natureza espiritual que comprometem e perturbam, uma vez que muitas drogas abrem canais mediúnicos junto a planos inferiores.

Muitos desses irmãos, num processo de limpeza dos campos umbralinos, foram chamados à reencarnação com o objetivo de ter uma oportunidade de melhoria íntima, ampliada pelo benefício de nascerem em um lar de orientação espírita que lhes oferecesse segurança e equilíbrio às suas necessidades de reeducação.

Mas, infelizmente, muitas famílias espíritas estão despreocupadas com a orientação de base oferecida na evangelização infantil, com o trabalho pessoal em favor do semelhante e com o culto cristão no lar, deixando de apresentar aos seus filhos reflexões espirituais, pautadas na própria exemplificação, que os conduzam a uma juventude esclarecida e os habilite a atuar como seguidores do Mestre.

Os pais que deixam essa tarefa missionária de lado ou a transferem para os outros determinam a perda moral de muitos desses moços que caminham para os desfiladeiros do desespero.

É o caso dos genitores que acreditam ser importante dar tempo para que seus filhos, espontaneamente, participem das atividades doutrinárias. Alimentam a falsa ideia de que eles precisam estar amadurecidos para escolher seu caminho religioso, o que raramente acontece sem uma formação prévia.

Esses pais se esquecem de que os jovens trazem as mesmas tendências e vícios com os quais estiveram comprometidos no passado e que, se fossem adequadamente preparados com os valores das verdades espirituais, teriam melhores condições para superá-los. Para isso, contariam com a força dos pais junto deles, como um farol de luz diante da escuridão da noite.

Naquela família, o quadro transformou-se de um aspecto provacional para lutas expiatórias, envolvendo um sentimento de dor extrema ao ver a perda daquele filho para os domínios dessa peçonha, que é a droga.

Parte da juventude humana possui uma boa índole e grande capacidade intelectual propícia tanto para o bem quanto para a ausência dele em suas vidas – deixando-se levar facilmente pelas influências negativas. Se os jovens recebessem orientação adequada, teriam grandes recursos para cooperar com os trabalhos de reconstrução da realidade planetária.

Muitos, ainda que escravizados por essas forças viciantes, poderão continuar realizando sua evolução no planeta, se não se comprometerem demasiadamente no campo dos erros, quando então passarão por tratamentos específicos em nossas colônias espirituais para que, quando tiverem outra oportunidade de reencarnação, sob a orientação de pais mais conscientes, venham a encontrar a libertação verdadeira de suas fragilidades e dar voos em direção à sublimação de seus espíritos.

Alertamos os irmãos da humanidade, principalmente nossos companheiros de Doutrina Espírita, para que se empenhem na missão divina da maternidade e da paternidade cumprindo os deveres de educação e orientação desses espíritos com o objetivo de despertar seus potenciais.

Se a juventude de agora, em sua maioria, nasceu da limpeza de regiões inferiores, próximas à crosta terrena, nossas crianças são a leva de espíritos preparados exatamente para consolidarem as condições adequadas à transformação dos valores no mundo e serem as sementes do homem espiritualizado dos novos tempos.

Muitos desses irmãos, num processo de limpeza dos campos umbralinos, foram chamados à reencarnação com o objetivo de ter uma oportunidade de melhoria íntima, ampliada pelo benefício de nascerem em um lar de orientação espírita que lhes oferecesse segurança e equilíbrio às suas necessidades de reeducação.

Carlos de dispor [...]
ência numa esc[...]
empo livre. Tant[...]
o: "manuscrito" e[...]
ventual nova ch[...]
est[...]nda aos ad[...]
a consequência
tas, altamente l[...]
passos, já que es[...]
tempo real — u[...]
sentir defront[...]
foi apenas [...]

11

Anonimato: a despersonalização do ser para a comunhão com o Pai

Participávamos das atividades junto a um centro espírita de Uberaba, cidade que me acolheu com o carinho amoroso de corações amigos e à qual me afeiçoei com gratidão pelas oportunidades benditas que pude viver ali.

Era com grande alegria que me encontrava naquele recinto de trabalhos espirituais, onde irmãos dos dois planos da vida se entregavam ao labor edificante do auxílio a muitos companheiros da jornada humana que se encontravam em redenção e soerguimento.

Estava apoiando as tarefas de orientação mediúnica e preferia operar anonimamente, para não trazer constrangimentos ou criar expectativas desnecessárias trazidas pela admiração excessiva e mesmo uma idolatria em torno do trabalho mediúnico da minha última encarnação. A reverência a quem exerce uma função como essa deve ser secundária para não ofuscar nenhum dos propósitos do bem que deve ser o tema central de todas as ações.

Personalidades e nomes são importâncias humanas que contribuem para uma adoração negativa, sem nenhuma finalidade para as atividades, uma vez que é para o exemplo maior de vida, Jesus, que devemos depositar todas as expectativas de realizações nas atividades.

A humildade representa a possibilidade de assumirmos essa postura silenciosa e ativa, onde toda ação esteja focada no bem a se fazer e que nos aproxima da qualidade essencial de espelhar, de maneira natural, a presença do Pai em nós.

Sei que, em alguns momentos, precisamos colocar nossas identidades de vidas passadas para dar crédito ao movimento de identificação e de comprovação da imortalidade da alma, mas, no fundo, a partir do instante em que esse fato esteja consolidado junto a um grande número de companheiros da Terra, devemos dar passos mais dilatados em direção ao anonimato, ou seja, "desencarnar" perante nomes e funções, existências e círculos fechados de relacionamentos para refletir as expressões do espírito imortal nas atitudes e tarefas que precisamos executar.

Ter a certeza da transitoriedade de nossos movimentos em uma encarnação, com toda a sua dinâmica de aprendizado, é transformar esses momentos de educação em aproveitamento real das experiências em seu pequeno valor diante da eternidade.

Saber quem fomos e firmarmos nossa referência de identidade nessa persona é perda de tempo, principalmente, se já nos encontramos na condição de aprendermos que o mais importante é exatamente *o que ser* a cada instante em que somos chamados a atuar.

Assim, é desnecessária essa preocupação demasiadamente grande de se afirmar quem é ou quem deixou de ser, qual é o espírito que atua ou assina com tal nome, na tentativa de averiguar se são ou não verdadeiros os trabalhos aos quais nossos irmãos se entregam no labor da mediunidade.

Precisamos compreender, acima de tudo, que quanto mais o espírito se aproxima de sua natureza pura, mais perde a necessidade de se afirmar por fatores exteriores de expressão, mesmo que estes sejam importantes para o homem terreno. Nessas circunstâncias, poderemos assumir qualquer nome, uma vez que essa identificação se torna muito secundária para o objetivo principal de nossas vidas

— que é o de promover o bem e a verdade como fundamentos de Deus em nós.

O espírito, em sua essência, é o ser que usa o que for necessário para beneficiar, de alguma forma, as necessidades de mudanças apresentadas, estando ele tanto encarnado quanto desencarnado, a fim de que encontre um porto seguro diante de suas lutas e para o despertar de seus potenciais essenciais, os quais falam de sua natureza transcendente e eterna.

Por isso estamos aqui, desse outro lado, comprometidos em trazer propostas de renovação e colocar em prática essa maneira de ver a vida.

Nós precisamos nos desapegar dos nomes e personalidades passageiros que adotamos para deixar o ser operante de Deus agir onde estivermos. Esse é o fim para o qual todos nós devemos nos empenhar na consolidação da era do espírito.

[...] devemos dar passos mais dilatados em direção ao anonimato, ou seja, "desencarnar" perante nomes e funções, existências e círculos fechados de relacionamentos para refletir as expressões do espírito imortal nas atitudes e tarefas que precisamos executar.

12

Reforma íntima: a autocura na regeneração

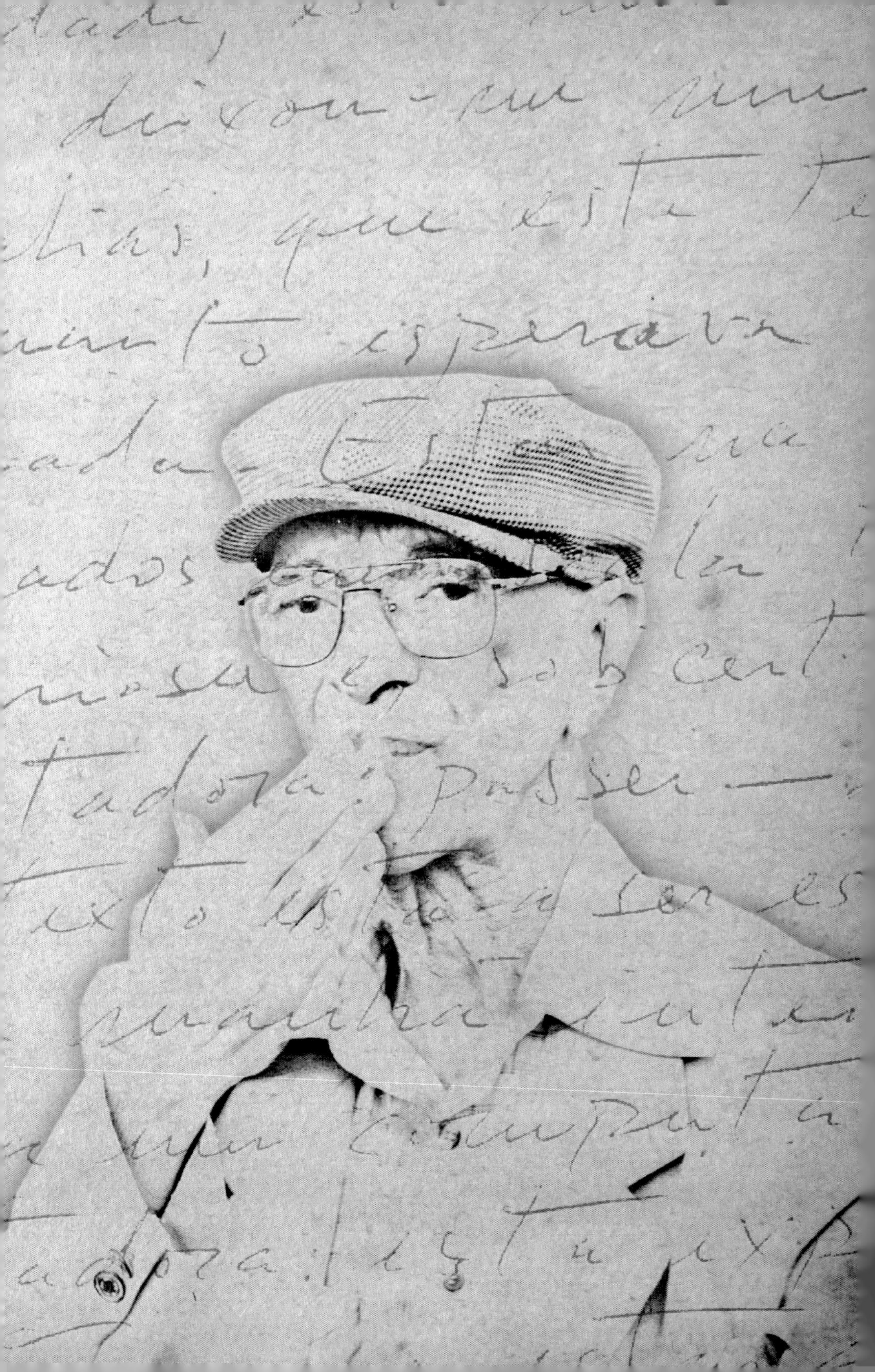

Estávamos acompanhando o esforço de trabalhadores dos dois planos da vida para amenizar, no que fosse possível, as dores e problemas de saúde de muitos encarnados que procuravam o centro em busca de auxílio e recuperação espiritual.

Observamos mais atentamente alguns médiuns de cura que se entregavam integralmente àquela tarefa com sacrifícios enormes, esquecendo até de si mesmos, de suas limitações e sofrimentos físicos, para amenizar os problemas alheios.

Ainda víamos um anseio muito grande da maioria das pessoas que ali se encontrava, as quais representam um grande contingente dos espíritos encarnados atualmente no planeta, em procurar soluções exteriores de suas dores, quando precisavam iniciar uma renovação interior para se curarem, pelas vias educativas do afeto bem dirigido. Esperavam que as intervenções médico-espirituais e a equipe de auxiliares encarnados pudessem fazer algo para lhes resolver as dificuldades muitas vezes criadas por eles mesmos, em suas atitudes desarmoniosas no viver e agir junto a seus semelhantes.

Outra característica de inferioridade que gera muitas doenças e não existirá mais na regeneração está ligada à violência e à marginalidade, reflexos dos espíritos desvirtuados do bem e que não vão permanecer aqui. Sob a bandeira da fraternidade e do amor mútuo entre as criaturas, a paisagem escura que esses quadros geram desaparecerá.

Aos nossos olhos, era expressivo o quanto a Terra ainda levava consigo almas enfermiças e frágeis, precisando criar propostas de vida para saírem do ciclo vicioso de desarmonia e desequilíbrios causadores de enfermidades.

É grande o número de enfermos que buscavam desesperadamente a cura para suas dores que, na maioria dos casos, são os estímulos à renovação de suas atitudes. Eles persistem em não ver que a cura por um "milagre" que os amigos de nossas esferas poderiam operar é, na verdade, uma fuga dos comportamentos que são a causa de seus males.

Quantos irmãos nessas mesmas condições procuraram o Médico de almas em sua época para tentar o mesmo alívio! O quadro em si mostra o tanto que ainda nos movemos na faixa dos anseios infantis. Os tempos de agora nos convidam ao amadurecimento espiritual, a fim de transformarem as enfermidades em oportunidades benditas de limpeza e renovação energética, principalmente na forma de ver e sentir a vida.

A misericórdia divina encontra na dor uma abertura para reflexões que possam mudar a conduta humana e, nesse contexto, o sofrimento abre a porta para essa transformação.

Os problemas de saúde encontrarão solução definitiva na regeneração, uma vez que estaremos despertos para os valores do espírito que, predominando sobre a matéria, lhe determinará o comando. O planeta deixará de ter características de um hospital, entrando para os campos de uma escola cultural e artística que farão dela uma morada de esplendor e beleza.

A medicina da alma aponta a cura real no respeito ao corpo como engrenagem sofisticada e bela, a ser utilizada com sabedoria e equilíbrio.

Os quadros de dor ainda presentes na sociedade são necessidades reais de crescimento espiritual operando as cirurgias morais que precisamos fazer para a libertação definitiva.

A misericórdia divina encontra na dor uma abertura para reflexões que possam mudar a conduta humana e, nesse contexto, o sofrimento abre a porta para essa transformação.

[...]arlo de dispor[...]
[...]ência numa esc[...]
[...]mpo livre. Tanto [...]
[...]oi "manuscrito" [...]
[...]entual nova ch[...]
[...]est[...]nada aos ad[...]
[...]a consequência [...]
[...]tos, altamente l[...]
[...]passos, já que es[...]
[...]tempo real — [...]
[...] sentiu defron[...]
[...] foi apenas l[...]

13

Para liderar, é preciso aprender a amar

Compenetrados nos trabalhos a se realizarem, reencontramo-nos, com muita alegria, na presença amiga do irmão Frederico Figner. O abnegado trabalhador ainda atua na administração do Espiritismo no Brasil, com tantos outros companheiros, na manutenção dos trabalhos no plano físico por estarem empenhados no desenvolvimento da doutrina.

Frederico atua diretamente sob a orientação de Ismael, nosso querido diretor espiritual e legítimo representante do Cristo, com a função de implantar as mudanças junto àqueles que futuramente tomariam as rédeas do movimento espírita brasileiro.

O amigo nos esclarece:

— A partir de agora, o exemplo e a orientação devem ter o respaldo dos sentimentos nobres de quem atua. A maior dificuldade que encontramos na maioria dos responsáveis mais diretos pelos trabalhos está na preocupação que possuem em defender sua causa e na tendência de que, por se tratarem de pessoas com cargos de chefia, voltam-se, principalmente, para a conduta alheia, esquecendo que as opiniões precisam ser sustentadas pela própria exemplificação. Na repetição dos valores administrativos do mundo, esquecem-se de que é pela conduta reta em si mesmos que devem proporcionar aos outros as reflexões e os estímulos de ordem e funcionalidade.

Assumem o papel de líderes e condutores da doutrina e julgam-se, como nós mesmos um dia, donos da verdade, tolhendo, muitas vezes, o potencial de muitos iniciantes, criando, com isso, os motivos de escândalos[1] mencionados por Jesus para todos nós.

---
[1] Mateus, 18:7 – "Ai do mundo, por causa dos escândalos; porque é mister que venham escândalos, mas ai daquele homem por quem o escândalo vem!".

Essa reformulação de conduta depende de se conhecer a natureza interior e estudar todas as motivações emocionais da intimidade. Essa é a conduta que queremos propor a todos e a nós mesmos, colocando-nos na condição de seguidores conscientes dessa doutrina de renovação.

Muitos companheiros, acostumados a preencher sua personalidade com conhecimento, criam uma sensação superficial de superioridade. Essa personalização tem sido mais prejudicial do que benéfica ao movimento espírita, criando uma falsa característica de elevação espiritual que, no fundo, é o retorno às nossas quedas no personalismo do passado e na valorização do ego acima do espírito que traz em si a qualidade natural da humildade.

Sem a simplicidade, a compaixão, o diálogo, as trocas de experiências e, principalmente, a busca por se tornar intermediários sinceros Daquele que nos ensinou com a própria vida, não conseguiremos atuar na função de um verdadeiro líder.

Ao ouvir os sábios pensamentos expostos pelo irmão de caminhada, falei-lhe que essa conscientização deveria estar amplamente compreendida por parte de nossos irmãos encarnados e que, pelo amor e abnegação, poderíamos, juntos, sensibilizar as mentes dos que estão despertos para essa finalidade maior.

Precisaríamos preparar os corações para tocar os mais amadurecidos espiritualmente, os quais, num futuro próximo, assumirão as rédeas desses trabalhos e estabelecerão as mudanças em todas as frentes do movimento espírita no Brasil.

Tínhamos ciência de que muitos espíritos, preparados em nossos planos, já estão reencarnados e acompanhados por nossas equipes de tarefas para concretizar essa proposta e, no momento certo, as coisas lhes chegarão às mãos. Essa transição ocorrerá em todos os setores da vida de forma programada, e aqueles que persistirem numa postura mais fechada serão convidados impreterivelmente à mudança, sendo chamados a superar suas resistências a esse respeito.

Devemos pedir a Nosso Senhor Jesus Cristo que tudo aconteça de maneira tranquila, com base na reflexão e no bom-senso. Mas pode ocorrer que o comportamento intransigente dos que estão ligados à posição de mando perca sua força pela ação dos acontecimentos e eles sejam chamados ao testemunho mais direto, para dar, por meio de suas ações, o exemplo da postura equilibrada e humilde que essas posições pedem.

Os verdadeiros representantes da Doutrina dos Espíritos terão de sentir a verdade intimamente, mais do que pela lucidez de seus conhecimentos. Devemos repetir a postura que o Mestre designou para Seus verdadeiros discípulos, a de serem reconhecidos por muito se amarem. Assim, o espírita consciente dessa realidade, e que deseja orientar outras pessoas, terá no amor e na sabedoria as indicações adequadas diante dos desafios de crescimento. Só assim para influenciar, efetivamente, outras pessoas.

Sem a simplicidade, a compaixão, o diálogo, as trocas de experiências e, principalmente, a busca por se tornar intermediários sinceros Daquele que nos ensinou com a própria vida, não conseguiremos atuar na função de um verdadeiro líder.

14

Posturas que os espíritos conscientes precisam desenvolver

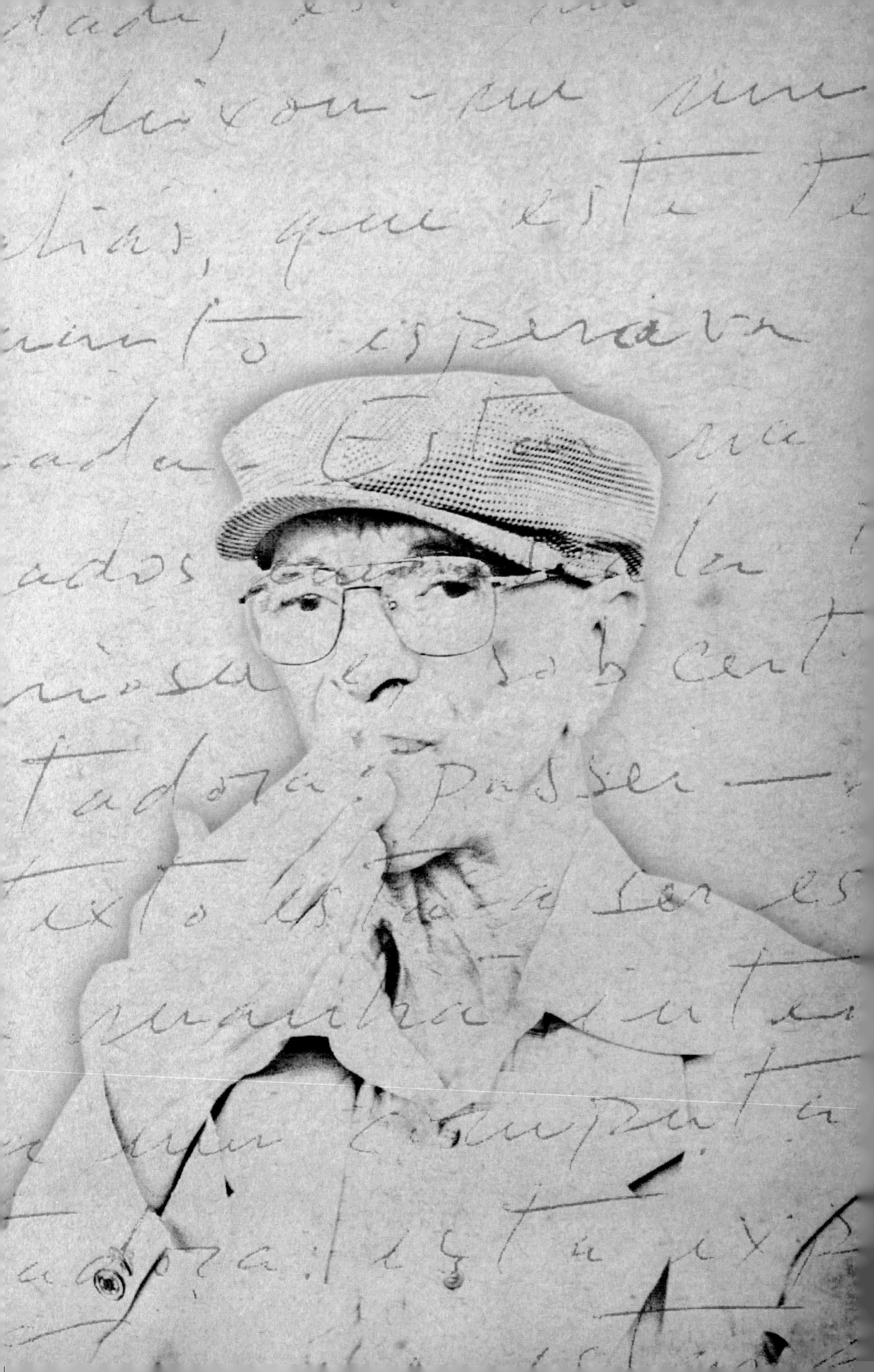

Estávamos diante de um companheiro que ainda se encontra nas linhas de frente dos trabalhos doutrinários. Ele se apresentava num estado de desânimo e pessimismo, já que as pessoas, em suas formas de viver, não apresentam uma perspectiva de mudança real.

Esse estado de ânimo envolve expressivo número de colaboradores encarnados e até desencarnados porque os quadros de violência estão cada vez mais crescentes, bem como as atitudes de desrespeito mútuo entre as pessoas, sem que os dirigentes das nações saibam o que fazer para resolver problemas de âmbito tão extenso. Assim também é o alastramento das drogas, do abuso das bebidas alcoólicas, do disparate das diferenças sociais, da distribuição inadequada de renda, da miséria de grande parte da população mundial diante da riqueza que se acumula nas mãos de poucos poderosos de primeiro escalão econômico que permanecem indiferentes aos problemas mundiais. Para agravar a percepção de muitos, surge a questão da exploração devastadora dos recursos naturais do planeta e seu consequente exaurimento. Esse conjunto de fatores vem distanciando os homens de uma aproximação fraternal entre os povos da Terra.

Importante salientar que esse quadro mental não é esperado nos companheiros dedicados e estudiosos das questões espirituais, uma vez que demonstra uma fé sustentada por reflexões precipitadas, uma limitada visão da vida e da ação das forças inteligentes que operam em todos os níveis vibratórios que circundam o orbe.

É certo que o panorama terreno não é o melhor a se apresentar, mas essas ocorrências são fatores determinantes para que os seres que se encontrem preparados e despertos assumam uma postura mais efetiva e vivam, na prática, as lições recebidas, sentindo o desenvolvimento dos valores de seus espíritos diante das responsabilidades que são chamados a exemplificar.

Sabemos o quanto as coisas estão em ebulição e que as sujeiras emergem como nunca, indicando uma limpeza radical das condições de inferioridade que ainda querem predominar nas escolhas humanas.

Os espíritos conscientes, conhecedores da realidade espiritual da Terra, devem ter uma postura confiante e firme de que a operação saneadora está acontecendo e uma outra consciência está sendo elaborada.

Devemos evitar focalizar as observações em fatos dolorosos e transitórios que acontecem naturalmente nesses tempos de mudanças e podem deixar de existir de um momento para o outro. As repercussões desses eventos serão transformadas em serviços renovadores em favor da transformação geral, já que nem tudo será feito pelas Inteligências Superiores que esperam nossa contribuição individual nessa plataforma de construção.

Podemos afirmar que as ocorrências da miséria e da perturbação partem dos próprios espíritos que assim se colocam, desperdiçando as oportunidades de crescer e escolher uma posição diferente, abrindo mão de trilhar uma estrada mais harmônica. Em muitos casos, a própria condição espiritual na qual se encontram impede que isso ocorra em razão de estarem aí para aproveitar desses últimos choques vibratórios, os quais promovem a ruptura de algumas cristalizações mentais. Depois dessas experiências, serão levados para viver em outro planeta onde receberão a melhor educação, sob a visão misericordiosa do Pai.

De nós, que estamos vivendo essa etapa de renovações, a espiritualidade maior aguarda a contribuição efetiva, não mais pelas palavras, e sim pelas ações. A obra regeneradora será concretizada pela união dos espíritos e dos homens, não mais só pela boa vontade, mas pela determinação ativa da vontade operante de viver o bem. Assim, seremos instrumentos maleáveis nas mãos dos orientadores da vida para executarmos o Programa de Elevação da Terra.

Não esperemos facilidades que o momento ainda não pode nos oferecer. A hora pede testemunho para todos que se candidatam a seguir Aquele humilde nazareno que nos apresentou o exemplo de trabalhador fiel à vontade de Deus.

As mentes perdidas e desesperançadas podem, naturalmente, apresentar esses estados de alma, mas os espíritos estudiosos e atuantes desses dias, principalmente os espíritas sinceros, que já estão aptos a esquecer de si mesmos para que a verdade maior da Causa apareça, devem adotar a relevância diante de tudo e de todos, para que o bem seja estabelecido definitivamente. Essa Terra abençoada nos legou o crescimento e o trabalho, a vivência e os relacionamentos para construirmos juntos a felicidade duradoura, sintetizando a fraternidade e o amor.

Por isso mesmo, quando uma invasão perturbadora vier ao encontro de nossos corações, deixemos as reflexões precipitadas e negativas de lado e ocupemos as mãos nas tarefas edificantes para que a hora que passa siga sua trajetória até a vitória inevitável da harmonia e da paz.

Carlos de disponi-
encia numa esc[a-]
empo livre. Tant[o]
oi "manuscrito" e[m]
neutral nova ch[a-]
est, nada aos ad[e-]
a consequência
tos, altamente li[-]
passar, já que es[-]
tempo real — u[m]
sentir defron[-]
foi apenas l[...]

15
A inconsciência espiritual dos que são exilados

Em nossa programação constava o auxílio mediúnico a pobres espíritos, verdadeiros mendigos da alma, conduzindo-os às instituições espirituais que se localizam mais próximas da crosta planetária, preparando-os para serem conduzidos à nova moradia educadora que os receberá de braços abertos.

Muitos desses companheiros não tinham consciência da própria situação, apresentando-se como verdadeiros mortos-vivos, sempre famintos de sensações materializadas, que os transformavam em vampiros das energias dos encarnados que se assemelhavam a eles na forma como direcionam suas vidas, tendo na busca do prazer o único propósito de satisfação de sua existência.

Os quadros que contemplamos nos deixaram sensibilizados, em razão da psicosfera de sombra e sofrimento.

Destacamos a presença paternal de Bezerra de Menezes, um dos responsáveis diretos pela tarefa de recolhimento desses irmãos. Falava-nos do quanto era importante, para ele, poder contribuir mais de perto com aquela atividade saneadora, pois a maioria de nós, em passado remoto, fomos os mesmos personagens que ora estávamos auxiliando, sendo levados a mudanças, tais quais as que presenciamos na Terra hoje.

Existia ali a possibilidade de agir em nome do amor e da caridade, mostrando, também para nós mesmos, a bondade de Deus, já que o espírito não tem morada fixa — todos os lugares do Universo são casas do ser imortal e sua família é constituída por todos os seres da criação.

As almas que ficaram na retaguarda de nossas experiências não perderam a importância para nós, mas o momento nos solicita desapego e a capacidade de amar outros espíritos que estão vinculados às experiências atuais e as que estão por vir.

Aqueles exilados que passariam pela perda de relacionamentos já fundamentados aqui na Terra não precisam de piedade, pois aprenderão a criar outras afeições que, com o tempo, terão a mesma importância das que ficaram para trás.

Como filhos de um mesmo Pai, os degredados podem expressar o amor, ora na condição de educadores, ora na de apoio e estímulo por meio da exemplificação, bem como de disciplinadores, diminuindo a ignorância e a animalidade de seus corações.

Se nos dias de hoje, muitos já sentem expressivo afeto pelos animais, demonstrando muita qualidade afetiva nessa manifestação, aprenderemos a desenvolver o mesmo olhar e a mesma abnegação para com os espíritos que estão mais atrasados na caminhada evolutiva.

Muitos deles, situados temporariamente na posição de criminosos e malfeitores, que apresentam a maldade e a animalidade, serão o esteio para o mundo novo que os acolherá.

Estava evidente o carinho com que eram levados por Bezerra, ser amoroso que nos dava a oportunidade de oferecer a migalha de nossos recursos íntimos, dando-lhes um pouco da água viva de nossos afetos, amenizando a sede de suas almas, proporcionando algum carinho — mesmo que, em suas inconsciências, não pudessem compreender os gestos de amor e compaixão.

Em futuro distante, eles teriam as mesmas condições de trabalho para ajudar espíritos nas mesmas condições que estão hoje, saindo da posição de auxiliados para a posição de servidores leais ao amor de Deus, junto a outros espíritos que partirão em busca da redenção.

De nós, que estamos vivendo essa etapa de renovações, a espiritualidade maior aguarda a contribuição efetiva, não mais pelas palavras, e sim pelas ações.

16

Autoconhecimento: o propósito maior

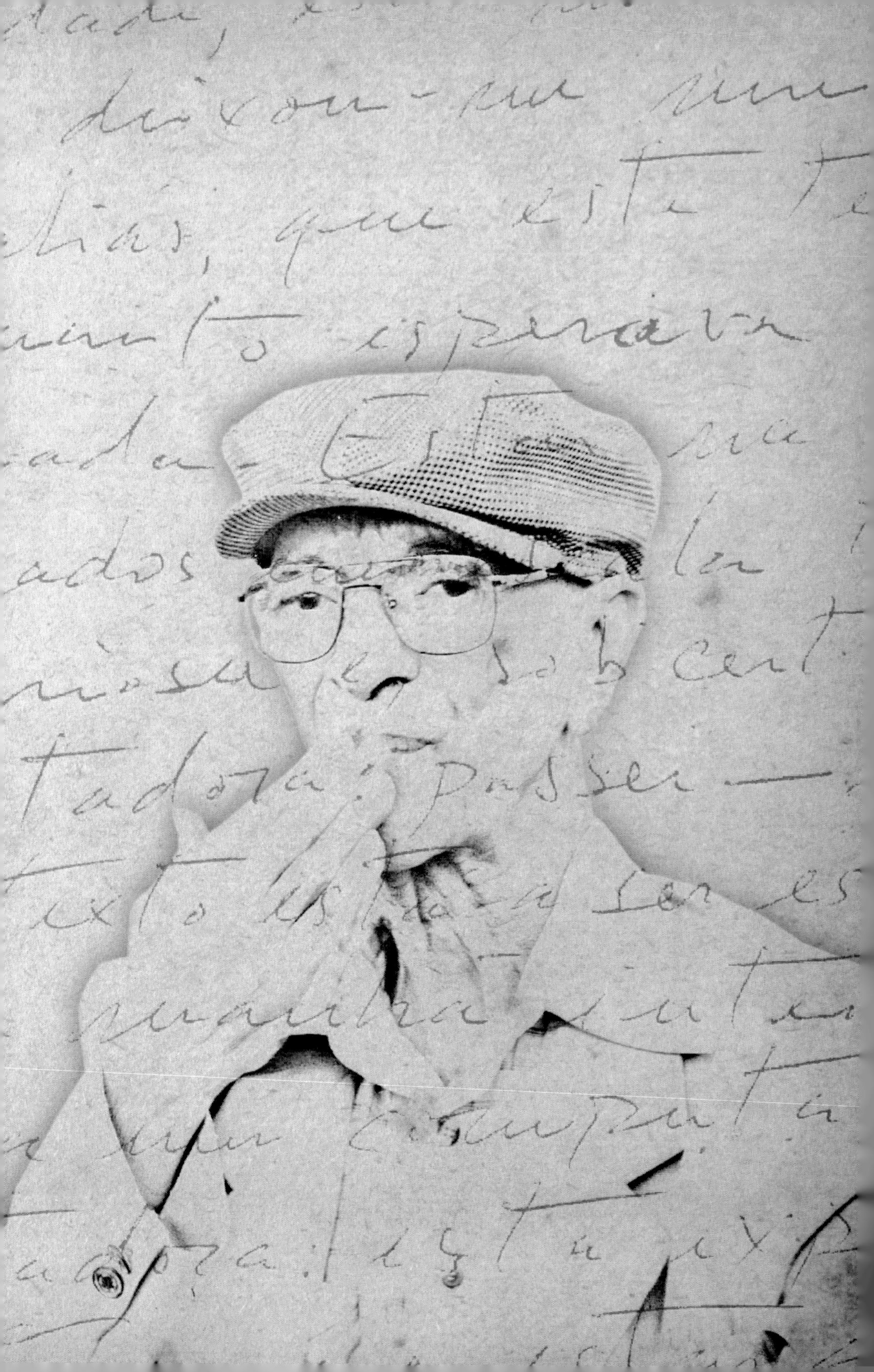

Na aquisição do conhecimento, nós, primeiramente, o incorporamos na mente para depois exercitá-lo na prática, atuando mais pela disciplina que antecede a espontaneidade do hábito que reforça o condicionamento dessas informações. Quase mecanizamos – pela repetição automática – as ações durante o desenvolvimento desse aprendizado. Esse automatismo vai atrair a sintonia com as matrizes profundas de nossa inteligência essencial, a nascer do próprio espírito. A partir daí, teremos a capacidade da ação criadora e consciente.

Beber dessa fonte é a única forma de não voltarmos a ter sede da verdade, a qual só é encontrada na intimidade de cada ser. É a partir desse centro de vida que cada um de nós é o ponto de referência para seu desdobramento – que nos levará a entender outros ângulos profundos dessa mesma verdade – e no qual ninguém é melhor ou pior em relação a nós, onde aprenderemos a respeitar os semelhantes como a nós mesmos.

Voltar os olhos do espírito – a consciência – para esse universo interior e desvendar sua sabedoria é a finalidade para a qual foi escrito *O livro dos espíritos*, utilizando a natureza espiritual do ser para esse propósito.

Sei que, num primeiro olhar, parece uma tarefa difícil de se executar, pois estamos acostumados a adquirir valores e conhecimentos de fora. Criamos uma dependência dos outros – sejam nossos pais, professores, amigos ou a sociedade –, os quais nos fazem sentir segurança no roteiro de crescimento.

Só que, agora, precisamos ser o mestre de nós mesmos, criando uma autonomia pessoal para que utilizemos os próprios pés na caminhada de encontro com o Pai, na comunhão perfeita com a Sua vontade sábia e amorosa.

A hora de adquirir a maturidade espiritual chegou para nossos espíritos e precisamos atender a esse convite de desenvolvimento que o momento da Terra apresenta. É um conjunto de desafios para a libertação definitiva.

O autoconhecimento surge como a porta estreita[1] por onde todos devem passar em busca de iluminação. É um trabalho dispendioso e silencioso, mas também é o coroamento de todos os outros.

Na verdade, a dinâmica do trabalho envolve tudo e todos, pois emana da natureza do Criador, estando presente nas obrigações naturais da vida material, no cumprimento dos deveres diários, nas ações da vida moral, nas atividades espirituais e nas múltiplas áreas de nossas experiências. Com ele desenvolveremos qualidades que fazem diferença na vida prática.

Por analogia, podemos considerar a Terra como um grande centro espírita que pede nossa atuação consciente e as atividades nas instituições que frequentamos são os laboratórios para despertar os potenciais divinos do espírito.

Para mostrar claramente que Deus trabalha até hoje – "e Ele trabalha também", nosso divino Amigo nos chama a integrar a nova modalidade de labor. A de executarmos as atividades em um estado natural de alerta consciencial que registre nossas criações próprias – tudo o que pensamos, sentimos e fazemos – em clima de constante e suave vigilância.

---
[1] Mateus, 7:13 – "Entrai pela porta estreita; porque larga é a porta, e espaçoso o caminho que conduz à perdição, e muitos são os que entram por ela;".

Passaremos a nos identificar com a condição permanente de trabalho de Deus e de todos os espíritos puros que operam e vivem sempre esse contínuo estado de percepção alerta, natural e espontâneo de quem conhece a si mesmo.

O espírito é o agente de vida que reflete a natureza do Criador e processa todas as forças que se movimentam através dele, como os pensamentos, emoções e sentimentos. Estes são os materiais de nossa produção individual a atuar no campo de nossa influenciação, expressando a corresponsabilidade de construir algo por nós mesmos e pelo Universo. Ao averiguar aquilo que fabricamos, descobrimos a qualidade de nossas próprias criações.

Esse ato de claridade consciencial é o passo inicial para criar a condição de trabalho permanente, só que num plano invisível de atuação, no interior de cada um. Essa habilidade nos qualifica e tipifica dentro da hierarquia evolutiva.

Assim, passamos a nos conscientizar da estrutura ainda obscura da nossa intimidade, que age através de nós em estado de inconsciência, transformando em luz as sombras que formam as personalidades transitórias nas experiências das vidas materiais.

Nesse estado de alerta íntimo, no trabalho com o Pai que não para nunca, poderemos repetir a fala de Jesus: "E eu trabalho também...".[2]

As doenças, infortúnios ou fatos constrangedores são a justiça superior convidando-nos, de forma incisiva, a fazer reflexões verdadeiras e inadiáveis. Por causa das

---

[2] João, 5:17 - "E Jesus lhes respondeu: Meu Pai trabalha até agora, e eu trabalho também.".

enfermidades, buscamos por curas espirituais ou milagres extraordinários, numa movimentação desesperada e resistente a esse convite superior. Ao nos beneficiarmos com o atendimento de um apelo extremado já recuperados pela ação generosa dos amigos do plano maior, continuamos a caminhar pelas vias do abuso e da inconsciência que criaram as situações enfermiças que enfrentamos agora.

Não falo aqui que se deva desconsiderar o sofrimento de todos os irmãos, mas a espiritualidade maior não assume o papel de conivência com as atitudes que geram enfermidades, caindo no padrão de irresponsabilidades de expressiva parcela da humanidade com relação ao Pai, que disponibiliza todas as condições para que tenhamos uma vida saudável.

É admirável o esforço dos trabalhos de cura e tratamento de vários centros espíritas, que atuam conjugados ao esclarecimento e ao esforço de educação. No entanto, muitos daqueles que buscam esses recursos não valorizam o aspecto essencial para conquistar a reabilitação real e sua renovação: mudança de postura.

Algumas vezes, as próprias instituições priorizam o tratamento das doenças, colocando as reflexões e as orientações doutrinárias e evangélicas em segundo plano. Mas é exatamente o processo de educação moral que deve ser a principal meta, já que proporciona uma rota de esperança e recuperação, fazendo luz ante esses desafios existenciais. Como em outras áreas, os homens procuram uma solução fácil para as enfermidades, abrindo mão do verdadeiro processo de regeneração perante a Vida.

O Médico de nossas almas era procurado como um grande curandeiro, excepcional na forma de aplicar suas energias divinas, transformando-as num remédio salvador, mas também com Ele, os enfermos curados repetiam os mesmos erros que os levaram à direção das doenças e dores.

A saúde integral está subordinada à condição em que se vive, pois quanto mais nos aproximamos de nossa natureza essencial e nos comportamos como espíritos, mais expressões de saúde apresentaremos em nós mesmos.

A cura efetiva está, dessa forma, ligada ao percentual de tempo em que vivemos como espíritos harmonizados com as Leis Divinas, no dia a dia, e em contato com o potencial de criatividade que nos ajuda a desenvolver posturas mais adequadas ao bem viver.

Toda a riqueza da vida mental está vinculada ao encontro com os irmãos de caminhada, sustentada pela proposta de amar o próximo como a nós mesmos. Mas para amá-lo assim, é necessário compreender nosso campo íntimo para, só depois, entender o funcionamento do outro. A partir daí, respeitaremos a condição de cada um em sua forma de viver, de escolher e direcionar-se na busca de sua felicidade.

Ampliando o entendimento sobre nós mesmos, saberemos por que o outro se comporta dessa ou daquela maneira, passando a perdoar seus erros naturalmente e a perceber as forças que determinam e orientam suas ações.

A inconsciência humana ainda é tão grande que deixa para segundo plano o que deveria ser o foco das intenções: o fato de que o único caminho para o restabelecimento da saúde está baseado na ética e na conduta moral elevada.

A saúde plena chegará por meio do encontro com a realidade do nosso espírito, pois nele se encontram todos os recursos de cura e do restabelecimento integral.

Um dia, veremos os centros espíritas e as instituições similares encerrando suas atividades de tratamentos ou curas para se dedicarem, exclusivamente, ao estudo da natureza do ser, quando, então, refletiremos o Evangelho de Jesus em nós.

[...]ado [...]e dispor [...]
[...]ência numa esc[...]
[...]mpo livre. Tant[...]
[...]oi "manuscrito" e[...]
[...]entual nova ch[...]
[...]est, ainda dos ad[...]
[...]a consequência
[...]tos, altamente l[...]
[...]passar, já que es[...]
[...] tempo real — u[...]
[...] sentir difícil[...]
[...] foi apenas [...]

17

Superação do egoísmo pela transformação moral

Estávamos reunidos numa das casas espíritas da crosta terrena cuja estrutura se desdobrava em uma grande escola-hospital, que é um núcleo de atividades para os trabalhos.

Aguardávamos a presença de uma irmã de outra esfera que compareceria na condição de instrutora nos trabalhos de auxílio junto à humanidade.

Fui convidado para ser o instrumento mediúnico pelo qual ela se manifestaria, servindo-lhe de intermediário com o uso de minhas energias ectoplásmicas[1] correspondentes à realidade de nossa condição espiritual, materializando sua presença no ambiente.

O grupo era composto por cinquenta entidades do plano espiritual que representavam diversas instituições espalhadas pelo Brasil, bem como de alguns irmãos encarnados de outras religiões do orbe que se apresentavam desdobrados e conscientes para o trabalho, junto das comunidades espiritualistas em que atuavam, mesmo aquelas ligadas às religiões tradicionais da Terra.

Chegada a hora demarcada para a manifestação, encontrava-me adequadamente instalado em câmara especial, ligada à outra câmara de cristal que permitia a concentração de minhas energias com o propósito de materializar a irmã que se comunicaria conosco.

Clarêncio, um dos mentores com responsabilidades mais diretas nessa tarefa, proferiu a prece e nos concentramos no objetivo de proporcionar ambiente energético para a

---

[1] No *livro Libertação*, de André Luiz, no capítulo 18, o instrutor Gúbio fornece recursos à materialização da benfeitora Matilde.

manifestação. Uma grande luz surgiu e aos poucos foi tomando a forma humana, até que a figura de gentil mulher surgiu e nos saudou, desejando que o amor do divino Amigo abençoasse os esforços e a dedicação de todos nesses momentos de lutas.

Era a irmã Clotilde, abnegada companheira com vasta experiência no trabalho de regeneração, que assim se expressou aos nossos corações:

– Caríssimos amados de Deus, que as bênçãos do alto, na pessoa de Nosso Senhor Jesus, venham a nos iluminar a consciência para que reflitamos a bondade que emana da Fonte de nossas vidas.

Quantas lutas nos esperam nesses dias em que todos são chamados a definir posturas, seja optando pelo bem coletivo ou pela obscura esfera dos interesses pessoais que só atendem os egoístas... O posicionamento quanto ao que deve ser feito é de âmbito tanto individual quanto coletivo, em todos os quadrantes do planeta. Ambas nos conduzirão a abraçar uma nova postura de vida.

A esfera humana aproxima-se da esfera do Cristo, estabelecendo a dimensão que predominará sobre o frágil barro humano, dando-nos outras diretrizes. O Cristo que há em nós promoverá nosso encontro com a Realidade Única do Universo.

No espírito estão todas as respostas sobre o destino e a finalidade da Vida. Ele é a chama que representa o fogo divino que não se apagará jamais. É nele que está a fonte das águas vivas que matarão a sede de entendimento que, por sua vez, soluciona as dificuldades em todos os níveis da evolução.

Com o devido adestramento, nossos olhos poderão perceber a essência espiritual de cada um que nos compartilha a existência, sem dificuldades. Basta ultrapassar os limites estreitos que estabelecemos para os nossos relacionamentos com base na miopia exclusivista que nos fecha em estreitas ligações familiares de consanguinidade, separando-nos uns dos outros.

Os laços estabelecidos pelos cromossomas não podem ser maiores que os do amor. A essência espiritual é a marca que determinará o salto evolutivo dos seres para o patamar em que vibra essa fonte de energia superior em todo o Universo. Ele amplia as possibilidades de viajarmos para além dos estreitos campos de qualquer planeta.

A roda das vidas inferiores ficará para trás, extingue-se o cenário de provas e expiações, uma vez que o autoconhecimento retira nossa identificação com o ego nas linhas do egoísmo e nos leva ao encontro do eu divino.

Os aprendizados dolorosos para superação do personalismo e da vaidade, do egoísmo e da paixão desgovernada deixarão de imprimir nossa rota e migraremos para a espiral que nos impulsiona ao encontro de nossa identidade única.

Apesar disso, operaremos no anonimato do espírito, que sabe fazer da presença de Deus a razão do existir. Parafraseando a personalidade de João Batista, relembramos: "É necessário que eu diminua para que Ele cresça".[2]

---

[2] João, 3:30.

Chegará o dia em que nomes e formas deixarão de ser a referência pessoal. Quando alguém perguntar quem é este ou aquele, não existirá outra resposta senão a de que é o Amor que está presente.

Urge empenharmos forças para formalizarmos uma limpeza visceral em todos os aspectos que nos ligam ao primitivismo do passado. Só assim outros comportamentos emocionais, ações e pensamentos se fixarão de vez em nossa condição de cocriadores dos planos elevados da vida.

Precisamos intensificar as ações para despertar os que ainda se encontram em condições de ouvir o apelo do alto para que se transformem em trabalhadores operantes do equilíbrio e do bem. É certo que muito trabalho nos aguarda para que a Terra se apresente como um mundo regenerado, mas o principal fator não está preso aos aspectos materiais, mas, sim, na estrutura do ser, onde se realizará o milagre de maior expressão.

Quanto maior for o grau de espiritualidade desenvolvido no ser, maiores serão as transformações que se apresentarão aos olhos de todos.

Que as bênçãos de nosso divino Mentor desçam sobre todos, para que possamos refletir-Lhe as intenções sublimes.

Calou-se a inspirada irmã, deixando um clima de paz e harmonia para os trabalhos a realizar.

Retornei às minhas possibilidades energéticas, saindo do processo mediúnico, e pude sentir, com os demais companheiros, um perfume inebriante e suave que nos extasiava.

18

Diálogo com Cairbar Schutel

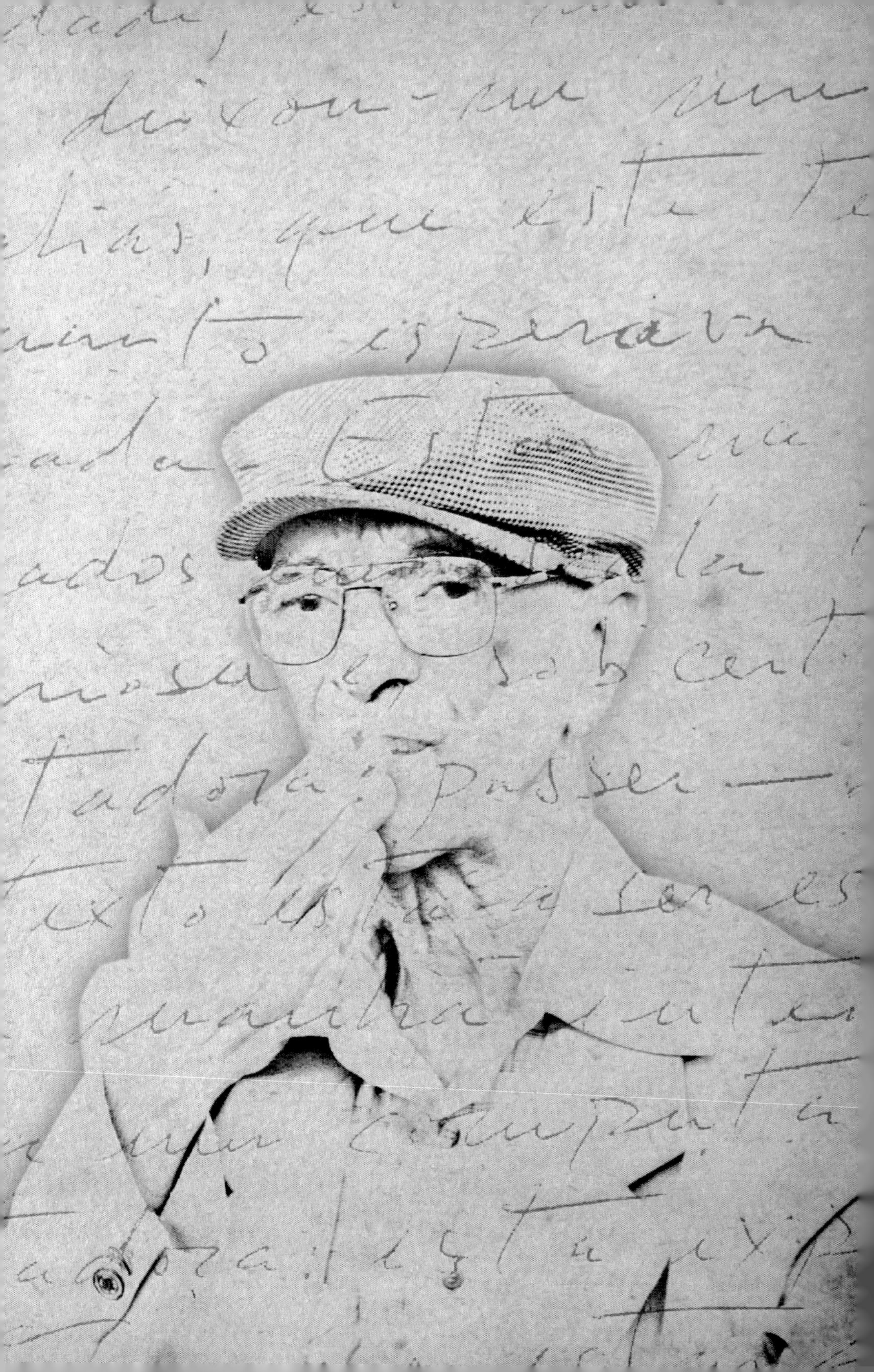

Em reunião com amigos de Alvorada Nova, cidade espiritual situada nas esferas superiores próximas da Terra, tivemos a grata oportunidade de ser carinhosamente acolhidos pelo abnegado irmão Cairbar Schutel, o qual nos proporcionou conversação elevada e instrutiva. Sua inteligência aprimorada pela abnegação com que atua no movimento espiritual da Terra trazia-nos tranquilidade.

Na oportunidade, ele trouxe apontamentos sobre a trajetória de iluminação e crescimento pela qual a Terra vinha passando:

– Pois então, Chico, nossos maiores têm nos esclarecido que esses tempos difíceis são frutos da negligência dos homens diante do convite de Deus para assumir a herança que lhes cabe. Não temos dúvidas de que muitos dos nossos irmãos ainda querem manter a eterna dependência do plano espiritual, aguardando que venhamos a fazer o que cabe a eles executar. Mantêm posturas infantis, presos a rituais e manifestações superficiais de religiosidade, vendo ainda um Deus quase humano e nutrindo intenções de uma felicidade quase material após a morte, impossível de ser concretizada.

Esperam ainda um céu fácil e florido, que dará continuidade às perspectivas de sua vida exterior com contornos melhorados de bajulação e protecionismo divino. Não acordam para a realidade profunda da Vida, tentando permanecer na infância espiritual, fugindo da condição adulta e das responsabilidades maiores.

Burlam as leis humanas que ainda se encontram ligadas a ganhos particulares ou a favorecimentos obscuros, deixando de cumprir a simples obrigação do dever natural. Aqueles que continuarem a agir assim, infelizmente, serão convocados a refletir sobre os propósitos escusos que alimentam para compreender que são regidos por uma Justiça inabalável que determina o fim da sua liberdade de ação.

A limpeza astral é necessária e esperamos o apoio de irmãos encarnados que estejam abertos a cooperar em todos os quadrantes do planeta, fixando a nova base de vida fundamentada numa divisão correta de favorecimento e aprimoramento.

Os que têm conhecimentos elevados receberão mais a fim de crescer como árvores cujos frutos sejam abençoados alimentos da alma para os que estão na retaguarda da evolução, tornando-se, a exemplo do Mestre, os pães da vida, o alimento de sustentação interior, atuando como fonte de aprimoramento e educação.

O autodomínio e o conhecimento de si mesmo serão as marcas do novo homem da Terra, que renasce das cinzas humanas para trilhar os caminhos retos do espírito desperto e ativo.

Acordemos os amigos que ainda se acham em condições de seguir em frente – permanecendo no orbe –, dando-lhes ânimo e inspiração para assumirem as frentes de trabalho, mesmo que tenham de sofrer as críticas da imaturidade dos que sempre estiveram junto daqueles que exercem a função de líderes e inspiradores da verdade, em todos os tempos da humanidade. Muitas vezes pagam com a própria vida por suas escolhas e atitudes, tornando-se heróis da verdade eterna e viva.

A Terra passa pela estrada rude que representa a caminhada do Redentor no Monte Craveira, em meio à turba perturbada pelas emoções impetuosas. Martirizamos um Ser livre e inocente como se fosse criminoso da pior espécie, lavrando a pena mais ultrajante que poderíamos Lhe oferecer: a crucificação.

Assim também, a nossa casa planetária será içada para sua elevação por meio do processo da crucificação de todas as imperfeições – perda de toda a valorização da realidade material – para que o espírito ressurja dessa purificação transformadora.

Para Jesus, em seu espírito amoroso e compassivo, aquele ato de inconsciência coletiva era apenas uma demonstração da incapacidade de compreendermos um amor que, mesmo perante a agressividade e a ignorância, nos ofereceu a lição imorredoura da renúncia em favor de nosso crescimento.

O autodomínio e o conhecimento de si mesmo serão as marcas do novo homem da Terra, que renasce das cinzas humanas para trilhar os caminhos retos do espírito desperto e ativo.

tudo de dispor(...)
ência numa esc(...)
empo livre. Tant(...)
oi "manuscrito" e(...)
ventual nova chi(...)
est, ada aos ade(...)
na consequência(...)
tos altamente li(...)
passar, já que es(...)
tempo real — (...)
e senti difícil(...)
foi apenas (...)

19

Alguns objetivos importantes da minha nova missão

Nesse dia, estava acompanhando nosso querido Lucas em seus afazeres diários e, quanto possível, ficava mais presente em sua mente para me adaptar melhor à sua condição futura de trabalho, a qual estava sob sua responsabilidade pessoal e minha também.

Percebia, na personalidade em formação, as características e conquistas do seu espírito imortal preponderando sobre as condições da inteligência fragmentada e atual, dando a ela um caráter diferente das condições de ação, potencializando suas capacidades para além do comum, uma vez que todos somos herdeiros de nós mesmos.

A capacidade mais profunda de entendimento dos fatos, marca de sua personalidade, fazia-o diferenciado de muitas outras crianças de sua idade, mas era característica de muitas outras que nasceram preparadas para desenvolver valores inéditos para o mundo. No futuro, cada um deles assumiria papéis fundamentais para a implantação de uma outra sociedade.

Estava feliz de poder acompanhar aquela mente em desenvolvimento. No momento certo, atuaríamos juntos no mundo inteiro, em conjunto a tantos outros companheiros de labor espiritual, consolidando a era da fraternidade e do amor.

Essas reflexões são para mostrar o quanto é trabalhoso materializar as atividades programadas no mundo espiritual entre os homens, já que cada ser é um centro autônomo que vive com características próprias, regido por intenções e escolhas próprias. Para introduzir propósitos novos, precisamos compreender o funcionamento dessa engrenagem específica e, em comunhão afetiva e respeitosa, promover uma atividade em favor dos semelhantes.

Na regeneração, a mediunidade terá contornos cada vez mais próximos da intuição, sem que os espíritos participem de maneira mais ostensiva, proporcionando aos médiuns a oportunidade de assumirem suas responsabilidades sem dependerem de ninguém, nem mesmo dos espíritos que os tutoram.

Esperamos ver os homens caminhando de forma mais efetiva, sem dependências e apoio excessivo, caracterizando um real amadurecimento espiritual, usufruindo de uma mediunidade em perfeita sintonia com a vontade Daquele que nos criou.

Procuramos adaptar a mente do querido Lucas aos trabalhos futuros, a fim de reforçar os objetivos, traçados pelo alto, de dar continuidade aos compromissos assumidos no desenvolvimento do Espiritismo, principalmente no Brasil, que é o celeiro espiritual e o coração do mundo.

Sua mente em desenvolvimento já estava acostumada com a mensagem espiritual, carregando as predisposições naturais decorrentes do trabalho de semeação que ele mesmo cultivou na Doutrina dos Espíritos, como meu mentor, favorecendo o despertar espontâneo, o entendimento nato e aprofundado, criando uma identificação com aquilo que ontem foi elemento de seu interesse e de sua movimentação.

Nosso clima mental, que já fora estabelecido no passado, criava uma sintonia fina, com uma natural conjugação mente a mente, onde os valores poderiam ser elaborados de maneira fácil para desenvolver a troca de recursos próprios.

Cidália e eu continuávamos a criar o clima favorável para a concretização dos propósitos e continuidade dos serviços programados em torno do grupo de companheiros vinculados a ele, sustentando os laços de afeto e os vínculos cármicos das jornadas dentro do tempo.

Cidália, especificamente, fazia a aproximação com o ambiente onde mergulharia futuramente na realidade corporal, junto daquela que ontem fora minha mãe biológica – Maria João de Deus, verdadeiro anjo em minha caminhada e que, em sua fase atual, também se encontrava em plena juventude. Pelos projetos estabelecidos, encontraria com aquele que foi meu pai da última existência, na realização de atividades de desenvolvimento espiritual de grande valor a seus espíritos.

Sentia-me feliz em poder compartilhar aqueles momentos junto àqueles corações queridos que, mergulhados em novas experiências físicas, me proporcionavam a lição de desprendimento das posições que ocuparam ontem na figura de mãe, pai e irmãos, a fim de compreendermos a fragilidade desses papéis nas existências corporais, passando a nos ver como espíritos eternos que somos e desdobrando um entendimento em relação à verdade que Jesus apresentou ao dizer: "Quem é minha mãe e meus irmãos?"[1].

---

[1] Mateus, 12:46-48 – "E, falando ele ainda à multidão, eis que estavam fora sua mãe e seus irmãos, pretendendo falar-lhe. E disse-lhe alguém: Eis que estão ali fora tua mãe e teus irmãos, que querem falar-te. Ele, porém, respondendo, disse ao que lhe falara: Quem é minha mãe? E quem são meus irmãos?".

A fraternidade representa o amor que transcende a forma e os nomes, criando uma ligação de nova afetividade, mais permanente e essencial.

20

Recado divino

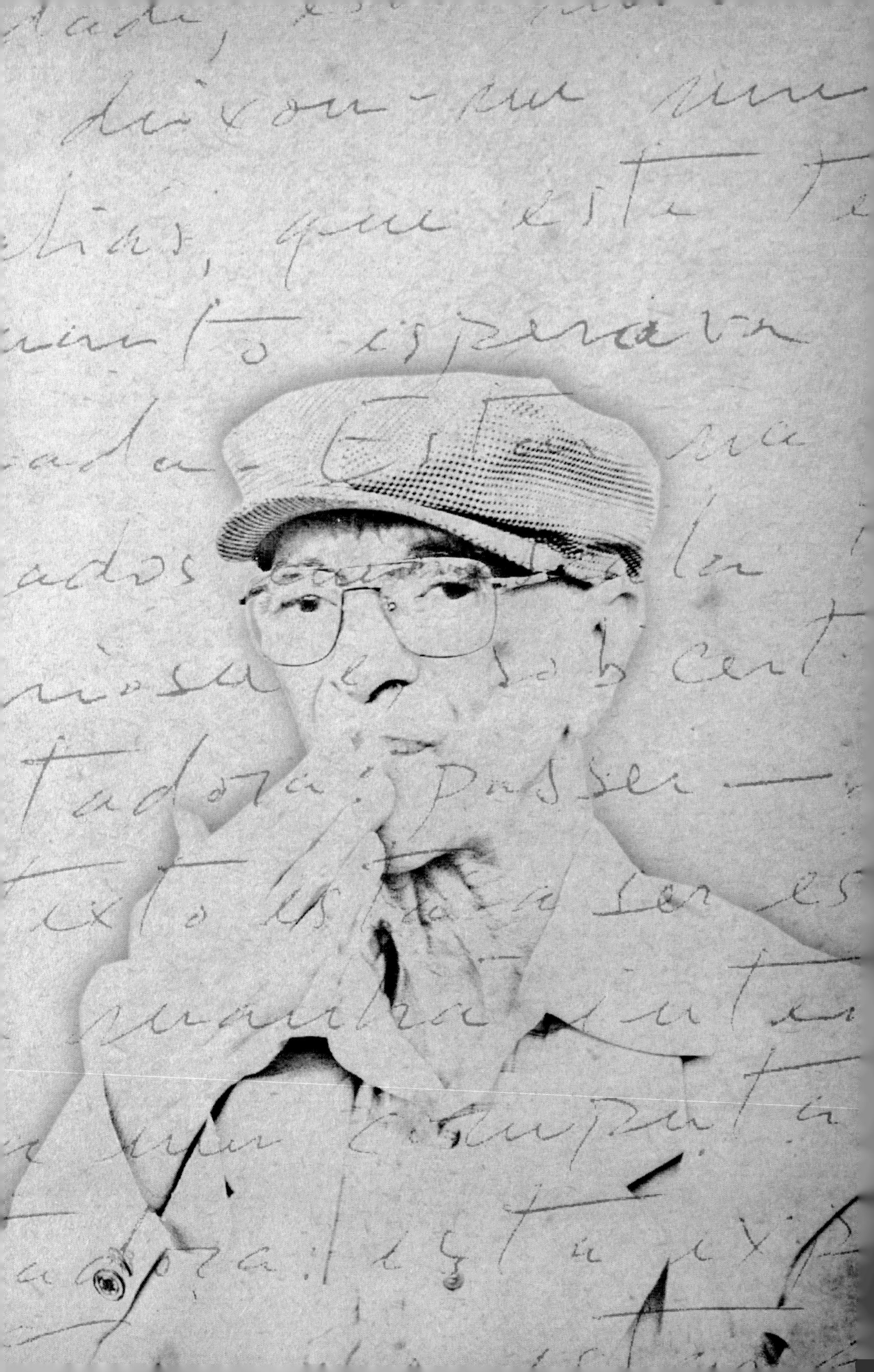

Em assembleia espiritual, Francisco de Paula, com sua inteligência e maneiras afetuosas, nos cativou com reflexões sobre as alterações de âmbito planetário:

– Hoje, cada um é convocado a dar testemunhos próprios, seja no campo individual ou coletivo.

Precisamos afirmar para nós mesmos que basta de violência, pois a infelicidade do outro é nossa também. Essencial que haja fraternidade, igualdade de oportunidades e justiça em todos os lugares da Terra.

Quando chamados a optar entre os interesses pessoais ou a possibilidade de beneficiarmos um número maior de pessoas com recursos e vantagens recebidas, temos optado pelas lutas fratricidas, desrespeito, injustiças, desonestidades e corrupção.

Devemos ter cautela com as reflexões precipitadas que o momento tem apresentado, pois são frutos de uma desordem da mente humana que muitos de nós cultivamos até há pouco tempo. A sensação de insegurança e medo são sequelas de nossa inferioridade diante de mudanças e transformações que nos convidam a sair das posições cômodas para criar a melhoria caracterizada pela harmonia e pela paz.

Não nos fixemos nos aspectos dessa madrugada que chega a seu fim. Oremos por todos aqueles que se transformam em peças de tropeço ou motivos de escândalos, desejando que, por sua vez, alcancem a redenção. Serão instrumentos de aferição para os que estão no âmbito de suas ações, mas alerta e sensíveis para dar o exemplo no bem.

Sem nos sintonizarmos com a mente dos que mantêm os padrões perturbadores e distorcidos, abramos espaço para a serenidade e a confiança a fim de que mãos invisíveis possam semear o equilíbrio, auxiliando-nos na extinção das tendências inferiores.

Influenciado por sua natureza espiritual, o homem novo é chamado a emergir nesse cenário de transformações ampliando suas habilidades físicas e espirituais, para que os corpos do amanhã fundamentem-se em novas formas e com faculdades, permitindo ao ser expressar-se com maior grau de espiritualidade e beleza e nos aproximando, de fato, das gloriosas manifestações de Deus.

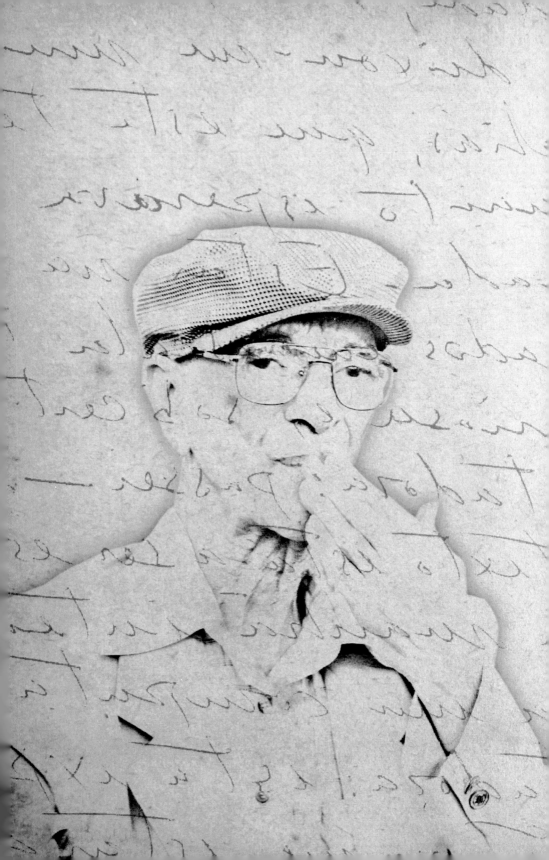

SEGUNDA PARTE

Chico Xavier responde[1]

1. Chico, o que vem a ser a Data Limite tão comentada hoje e que estabelece o ano de 2019 como marco de regeneração da Terra?

Em conversa junto a querido amigo do coração, entre tantos afetos já fundamentados, pude discutir algumas expectativas relatadas pelo nobre espírito de Emmanuel, referentes às possibilidades de a Terra ter seus objetivos de regeneração envolvidos em duas possibilidades. A primeira seria com muitas dores e sofrimentos – decorrentes das violências coletivas e individuais – e a segunda seria seguir o programa que está de acordo com os propósitos de harmonia do Evangelho.

Nosso querido Mestre deixou traçada toda uma linha de condutas para que todos nós – seus irmãos perante o Pai – optemos por beber um cálice diferente daquele escolhido na época em que Ele aqui esteve e que representou dores e ilusões para as experiências humanas, marcando um roteiro de aflições como forma de lapidar e educar nossos espíritos.

Por isso mesmo, recordo com clareza as palavras do nosso querido mentor, repassadas a mim na última existência, de que o sublime Governador estabeleceu uma data limite – o ano de 2019 – para que os homens pudessem se respeitar, tanto em nível de nações quanto individual, e se amar como irmãos de uma única casa planetária. Optando por tal conduta, habilitamo-nos a ser acolhidos por irmãos de

---

[1] Segue, aqui, uma série de perguntas realizadas pelo médium Samuel Gomes ao Chico. Estas podem ter sido inspiradas pelos próprios espíritos responsáveis pela obra com a finalidade de complementar as informações.

outros orbes que se encontram prontos a nos ajudar no ajustamento com a harmonia que rege todos os seres.

Agora que as coisas se ajustam à segunda possibilidade a caracterizar-se pela tolerância humana recíproca, reafirmo que a data estabelecida pelo Cristo esteja mesmo chegando, e a Sua determinação é de que, a partir daí, a coletividade humana encontre nos solos do nosso orbe-educandário a paz que rege a vida universal.

Para isso, devemos estar atentos ao compromisso de abraçarmos o bem em nossa vida, principalmente nos aspectos religiosos e espirituais que cada um elege para sua vida. Precisamos fazer a nossa parte no concerto projetado pelo Orientador Maior, principalmente porque ainda não assumimos responsabilidades mais expressivas na sustentação das propostas elevadas que dizem respeito ao futuro de nossa morada.

2. De uma maneira geral, que informações pode nos dar a respeito dos trabalhos de limpeza espiritual que a Terra passa?

Nossos maiores, amparados pelas determinações do Mestre, executam ampla ação saneadora nos campos inferiores, onde se encontra expressiva leva de irmãos que mantêm a ilusão de se afastarem da Fonte da Vida.

São espíritos limitados pela miopia da separação e do afastamento, acreditando ter um poder sem sustentação real. Consideram-se mais fortes do que realmente são – até mesmo mais que o próprio Criador – e projetam uma forma de viver em constante perturbação.

Aqui no Brasil, essa ação saneadora se intensificará utilizando o apoio de diversas agremiações espíritas conscientes dessa intervenção que, nas tarefas mediúnicas, direcionam as energias vitais dos trabalhadores encarnados e dos médiuns de boa vontade para a drenagem das energias inferiores.

Depois da retirada desse grupo expressivo, passaremos a sentir que os padrões vibratórios de nossa casa sideral se elevarão, apresentando um efeito positivo em todos os acontecimentos, já que o planeta perderá um grande percentual de peso vibratório que o puxava para baixo.

Haverá uma melhoria de qualidade em todos os aspectos da realidade e o homem sentirá esse efeito nas conquistas sociais e individuais.

Os dramas e acontecimentos mais dolorosos que temos acompanhado em todos os lugares já são um reflexo do desespero desses nossos irmãos, os quais se movimentam em confusão diante das perspectivas que os aguardam.

Manter a firmeza de propósitos no bem e nas atividades nobres que abraçamos será a melhor defesa e manutenção da harmonia possível nessa transição.

Desde as últimas cinco décadas do século passado, a retirada desses companheiros já está sendo realizada pelas equipes espirituais preparadas para essa atividade.

Já há sinais do tempo em que tudo se encontrará influenciado por uma harmonia profunda, proporcionando o fechamento da fase de inferioridade dos espíritos no orbe, como determinou nosso querido Mestre, cujo amor ultrapassa nossa compreensão.

3. Como podemos entender os termos "Final dos Tempos", "Juízo Final" e "Fim do Mundo" descritos no Evangelho[2] e por Kardec em A gênese[3]?

Toda a perspectiva da vida universal está ligada à finalidade única existente nos propósitos de Deus – o bem e o amor.

Esses termos indicam os momentos em que a vida no planeta deverá se ajustar a essas finalidades, marcando o fim da fase de imperfeições e ilusões.

Estamos muito próximos de vislumbrar o amanhecer desse dia, pois a nuance de seus raios luminosos já clareia nossa intimidade, começando a apagar as trevas da ignorância que ainda alimentamos.

Essa fase será a de transformarmos as florestas das impulsividades e da primitividade em flores de entendimento, aceitação e compaixão, estados naturais que beneficiarão a vida coletivamente.

4. Os fatos de perturbação, violência, drogas, crimes extremos, acidentes, fenômenos catastróficos e demais ocorrências que observamos nos dias atuais têm alguma relação com essas mudanças?

Essas ocorrências surgem sob a supervisão de nossos maiores e são o reflexo vivo da limpeza astral da Terra.

---

[2] Mateus, 24:3 – "E, estando assentado no Monte das Oliveiras, chegaram-se a ele os seus discípulos em particular, dizendo: Dize-nos, quando serão essas coisas, e que sinal haverá da tua vinda e do fim do mundo?".
[3] A gênese, capítulo 17, item 62, Allan Kardec – Editora FEB.

Quanto mais se atua nas esferas inferiores, mais efeitos surgem na realidade dos planos imediatos da matéria, convidando as criaturas para uma tomada de atitudes que seja fruto da convicção de que não vale a pena alimentar o mal.

A crise que vemos no mundo está ligada aos valores que criamos com base no egoísmo. Assim, os problemas de ordem financeira acontecem para nos ajustar à simplicidade e à capacidade de desapego e distribuição. Nos tormentos da morte coletiva surge a visão da imortalidade do espírito e da transitoriedade de posições e interesses, permitindo que a cooperação entre os homens, no clima da compaixão, possa acontecer. Na violência e na criminalidade surge a possibilidade de diminuir as diferenças sociais e aumentar a educação e o amor.

A humanidade nunca teve apelo tão grande para sentir a mensagem do Evangelho de Jesus quanto nos dias atuais. Somos chamados a tomar posse do legado primoroso do espírito.

A fé deve sair da esfera das afirmações superficiais e ser a força de sustentação da maneira de viver, a nascer de cada um que deseja, sinceramente, compreender os passos do Cristo e de Seus mensageiros que aqui estiveram, indicando a melhor maneira de buscar a redenção.

As destruições são necessárias para se construir algo novo sobre os escombros dos valores humanos distanciados do bem e da verdade.

É para essa claridade que edificaremos a nova Terra – que representa a Nova Jerusalém[4] comentada no livro do Apocalipse de João –, a qual desce dos céus a envolver todos, promovendo a reforma inevitável dentro de cada um.

---
4 Apocalipse, 21:2 – "E eu, João, vi a santa cidade, a nova Jerusalém, que de Deus descia do céu, adereçada como uma esposa ataviada para o seu marido.".

5. Como conciliar os quadros de grande inferioridade na humanidade com as informações de que as mudanças já se estabelecem na regeneração da Terra?

As limitações da nossa visão sobre a vida coletiva do planeta – que se desdobra além da realidade material – não nos deixam perceber o trabalho de reajustamento realizado pelos maiores da espiritualidade com os que aqui vão permanecer nem o redirecionamento dos espíritos nas fases diferenciadas de maturidade espiritual, em que cada um será chamado a passar por um processo de reavaliação e mudanças, determinando que o exílio se realize em etapas diferentes.

Sem esse entendimento, muitas pessoas chegam até mesmo a perder a esperança diante das situações extremas da atualidade.

Entretanto, para os que se encontram despertos para as verdades superiores, essas mesmas situações também significam possibilidades de ampliar a expressão que deve marcar a vida de todos: servir ao próximo.

Esses aspectos dolorosos parecem contradizer a bondade do Pai ou provar a incapacidade do nosso Governador espiritual em reger a Terra na sua evolução – como foi aparente Sua derrota perante os homens, quando foi levado à crucificação.

Para grande parte da humanidade, demorou quase dois mil anos para que enxergassem que Jesus não era perdedor ou fraco, mas, sim, o maior Ser que passou entre nós.

A diferença é que, agora, a ação transformadora da verdade e o efeito dos Seus exemplos atuam sobre consciências em plena fase de amadurecimento, fazendo com que o entendimento de Sua proposta ocorra mais rapidamente. Hoje, muitos já se encontram dispostos ao despertamento e com vontade de se transformarem pelo serviço ativo no bem.

Essa disposição é o fermento que levedará a massa[5] dos que estiverem prontos para ser tocados pela força unificada da renovação. Em aproximadamente cem anos, não teremos mais vestígios desses quadros dolorosos que hoje ainda vemos.

Oremos e trabalhemos para transformar nossas vidas, tendo confiança Naquele que disse para não nos atemorizarmos, pois se Ele venceu o mundo, nós também o venceremos.[6]

6. Como ficarão os espíritos – encarnados e desencarnados – que vêm operando na ignorância e no desrespeito a tudo e a todos?

Cada um que opta por permanecer iludido em si mesmo e distanciado da mensagem amorosa do Mestre encontrará, inevitavelmente, o resultado de suas buscas nas dolorosas experiências que são o reflexo educativo do preceito que diz – a cada um segundo as suas obras[7].

Nós, espíritos semidespertos para a realidade da vida imperecível, devemos continuar firmes no bem que já po-

---

5 Gálatas, 5:9 – "Um pouco de fermento leveda toda a massa.".
6 João, 16:33 – "Tenho-vos dito isto, para que em mim tenhais paz; no mundo tereis aflições, mas tende bom ânimo, eu venci o mundo.".
7 Mateus, 16:27 – "Porque o Filho do homem virá na glória de seu Pai, com os seus anjos; e então dará a cada um segundo as suas obras.".

demos fazer, pois dentro desse princípio os frutos dessa virtude abençoada cobrirão a multidão dos pecados que ainda nos marcam o passado. Abriremos trajetórias abençoadas de reeducação e desenvolvimento para aprender a multiplicar os poucos pães e peixes[8] de nossas possibilidades nobres – como o querido Mentor da humanidade fazia e faz – na sustentação da nossa própria vida e das de nossos irmãos.

O alvorecer de uma manhã infindável surgirá para todos.

7. Como interpretar as lutas morais e políticas que o Brasil tem passado, a movimentação migratória dos fugitivos das guerras, as mudanças na Europa e em outras nações?

Jesus afirmou que todas as estruturas humanas que forem inadequadas serão derrubadas. Assim, todas as distorções dos interesses humanos terão que se adequar às condições que proporcionam equilíbrio e harmonia.

A humanidade terá que abrir mão do egoísmo milenar acolhendo os corações em sofrimento para dar a eles os recursos que cada um pode oferecer. Não só os povos mais desenvolvidos materialmente podem intervir, doando abrigo, proteção, escolaridade e recursos financeiros. Quaisquer ações a favor do acolhimento dos que sofrem como a solidariedade, a humildade, a fraternidade e a compaixão nos proporcionarão valores da alma por meio das trocas benéficas que acontecem nessas circunstâncias.

---

8 Mateus, 14:16-20 – "Jesus, porém, lhes disse: Não é mister que vão; dai-lhes vós de comer. Então eles lhe disseram: Não temos aqui senão cinco pães e dois peixes. E ele disse: Trazei-mos aqui. E, tendo mandado que a multidão se assentasse sobre a erva, tomou os cinco pães e os dois peixes, e, erguendo os olhos ao céu, os abençoou, e, partindo os pães, deu-os aos discípulos, e os discípulos à multidão. E comeram todos, e saciaram-se; e levantaram dos pedaços, que sobejaram, doze alcofas cheias.".

Com relação ao Brasil, deveremos mudar a forma de agir no dia a dia, evitando ocultarmos – até de nós mesmos – as mazelas morais que sustentamos e viver a ética do espírito verdadeiramente. Imprescindível incorporar a moral do Cristo para abraçamos a condição de coração do mundo e pátria do Evangelho perante nós mesmos, para depois refleti-la como nação.

Na terra do cruzeiro, os princípios morais dignos e a transparência nas ações devem estar presentes em todos os setores da atuação humana para que haja o equilíbrio das coisas. Chega ao fim o tempo das intenções maldosas, parciais e repletas de vantagens pessoais.

Quanto às mudanças nas regiões da Europa e de outras nações – mais diretamente responsáveis pelo desenvolvimento planetário –, essas alterações acontecem para que elas intervenham no auxílio ao planeta como um todo. Ninguém cresce isolado ou em grupos fechados e esses países têm se mantido assim por muito tempo. Necessário quebrar os sentimentos de nacionalismos distorcidos para abraçar o interesse de todos e fixar a melhoria de nossa casa sideral.

Cada nação, assim como cada indivíduo, está comprometida com o bem coletivo. Chegamos a uma época em que não dá para fechar os olhos e ignorar a dor de um ser humano que vive do outro lado do mundo, pois as palavras do divino Rabi quebram essa atitude quando afirmam que devemos fazer ao outro o que gostaríamos que fizessem a nós mesmos.

8. Geograficamente falando, que informações pode nos dar a respeito das transformações que poderão ocorrer no mundo de regeneração?

A espiritualidade maior não depende de cataclismos, mudanças geográficas ou climáticas para gestar a nova etapa de regeneração, nem as consciências despertas que estão se habilitando a permanecer na Terra necessitam dessas experiências para assumir outras posturas.

As verdadeiras mudanças estão ligadas à intimidade de cada um. Os aspectos exteriores da vida material são muito transitórios para que voltemos as atenções sobre eles, em se considerando a jornada evolutiva do ser.

Na medida em que o valor essencial do espírito prepondera, o mundo exterior sofre mudanças naturais; e quanto mais o ser se espiritualiza, mais a matéria se sutiliza.

Os aspectos físicos e materiais do orbe terão contínua metamorfose, até que se tornem tão ágeis e sutis que acompanharão as condições puras do espírito que cada vez terá menos necessidades. O planeta, em sua expressão material, apresentará características inimagináveis para os parâmetros de hoje.

Quanto mais o ser cresce, menor será a necessidade de recursos exteriores para sobreviver. Com relação à expressão de sua própria individualidade, seu potencial criador exercerá ação sobre os elementos que o revestem e possibilitam sua manifestação, ampliando suas capacidades de utilizar as matérias-primas que o envolvem para dar forma e utilidade ao seu ser, indo muito além de tudo o que atualmente é explorado pela inteligência humana. Existem espíritos, por exemplo, que a sua amplitude mental pode abranger um sistema solar sem que possamos definir se o sistema é a manifestação mais próxima do seu corpo ou apenas o campo de influência direta do seu ser.

9. Temos percebido muitos movimentos geológicos, climáticos, econômicos, sociais, entre outros, gerando desastres naturais, mortes coletivas e profundas mudanças na humanidade. Esses fenômenos continuarão a ocorrer em todo o período de mudanças?

A bondade de Deus representa sempre uma ação providencial sobre a vida, e as leis de destruição e o progresso são fundamentos do Universo para as mudanças da forma a fim de preparar os espíritos para agir e viver nos diversos campos vibratórios – físicos ou espirituais em suas relatividades – que a Casa do Pai oferece.

Hoje, o homem ainda não tem controle sobre esses fenômenos da natureza porque não aprendeu a controlar a si mesmo. Na medida em que desenvolver autodomínio, ampliará sua influência, poder e responsabilidades sobre eles. Mas não alcançará esse nível de intervenção enquanto for movido por interesses mesquinhos ou pessoais, passíveis de criar dor e sofrimento a seus semelhantes.

Quando a Terra entrar na fase de bonança espiritual, receberá auxílio dos espíritos dos planos espirituais superiores do orbe ou de outros planetas, possibilitando que as ocorrências das forças da natureza passem sem causar os efeitos negativos que hoje acontecem em função da nossa inconsciência no viver.

A partir do momento em que o amor – energia promotora do equilíbrio da vida – se faça em nosso planeta, todas as coisas e fenômenos estarão subordinados a seu princípio e influência. Podemos afirmar, com certeza, que ele é a mais potente força que existe no Universo. Sua fonte mantenedora emana de Deus.

10. Levando em consideração a condição atual das conquistas humanas, os quadros de violência e lutas que ainda vemos têm mostrado um grau de brutalidade que não deveríamos registar. Por que isso acontece?

A Terra ainda é um planeta de espíritos em desenvolvimento, onde a maioria precisa se comprometer com a autoeducação, fundamental para o aprimoramento.

Hoje em dia, esses fatos chocam mais porque os veículos de comunicação os divulgam amplamente, dando a impressão de que suas ocorrências aumentaram tremendamente, mas esses acontecimentos tristes sempre estiveram presentes na história da humanidade, talvez até mais intensos no que diz respeito às brutalidades dos períodos anteriores.

Em contrapartida, nos dias atuais, vemos um grau de sensibilidade mais apurado em muitas almas que já não suportam mais esses quadros e fazem questão de se colocarem contrárias a essas ocorrências de forma aberta e destemida.

O mal vai chegar a um nível insuportável para que gritemos alto que não o queremos em nossas vidas, principalmente nascendo de nós mesmos.

Nós precisamos nos comprometer com o bem até o sacrifício.

Já não cometemos mais ações tão terríveis como essas, mas ainda acalentamos algumas atitudes que sustentam esse mesmo mal, só que em menores proporções.

Vigiemos a própria intimidade, trabalhando para nos renovar intimamente e, na medida em que nossa sombra deixar de existir, as trevas ao redor deixarão de nos acompanhar, para sempre.

11. O que pensar sobre as provas coletivas que podem ocorrer nesse período?

As provas coletivas estão relacionadas com o tipo de experiências com as quais aquele grupo se comprometeu. Muitas vezes, elas ocorrem porque eles não mudaram em si o que efetivamente precisavam alterar. Todos estarão vinculados a essas ocorrências pela lei de causa e efeito. O único fator que abre exceções é o merecimento conquistado.

Os espíritos que se distanciam do bem escolhem caminhos tortuosos nos quais a presença da dor se faz necessária para lhes despertar o potencial divino.

O convite à espiritualização está em todos os ângulos da vida, desde a beleza suave da natureza, que descreve a sabedoria do Criador, até as manifestações religiosas que buscam lembrar aos seres a sua origem e real condição de filhos de Deus.

A insensibilidade e a ignorância ainda pesam sobre muitos que se encontram adormecidos para essa realidade mais profunda. A dor é a ação sensibilizadora para que aprendam – por meio da lei de causa e efeito – a não fazer aos outros o que não gostariam que se fizesse a eles mesmos.

Existem aqueles que só acordam sob o impacto mais direto das provas dolorosas e redentoras, seja a nível individual ou coletivo. Só assim para surgir a conscientização, bem como para que os outros se lancem ao auxílio dos que sofrem as ocorrências dessas mesmas dores.

De toda forma, a ação despertadora desses dias atuará para que haja mudanças nas escolhas, intenções e comportamentos objetivando a melhoria de vida em todos os aspectos.

12. O que fazer diante dos fatos que acontecem à revelia de nossa ação mais direta?

Em todas as circunstâncias mais duras e aflitivas, é necessário mantermos a confiança irrestrita em Deus, que sempre procura o melhor para todos nós.

Diante desses fatos dolorosos, sejamos a atitude de amparo e resignação operante por meio do auxílio abnegado e contínuo.

Ao abraçar os propósitos da espiritualidade, tornamo-nos, indiretamente, as bocas que devem fazer ponderações confiantes ou dar orientações; os braços no trabalho ativo do bem que jamais para; as mentes produtoras de paz e amorosidade perante qualquer um; os pés firmes que caminham para os objetivos nobres, permanecendo, acima de tudo, fiéis a Deus nas mesmas condições que Jesus permaneceu.

13. Poderia dizer algo, especificamente, sobre as catástrofes geológicas que atingem o planeta nos tempos atuais?

Em qualquer localização em que se encontrem dentro do Universo, os mundos sofrem ações naturais das forças transformadoras que criam outras experiências e valores.

A diferença básica que existe entre a Terra – e os mundos inferiores a ela – com relação aos planetas mais evoluídos é a capacidade que estes têm de lidar com essas ocorrências.

O homem terreno ainda se encontra distante de seu autodomínio. Quando ele aprender a lidar com suas perturbações íntimas, encontrará a solução para lidar também com as forças geológicas que atuam em sua morada planetária.

A Lei de Destruição é uma lei natural que atua no Universo para que tudo se transforme e se renove.

Com o auxílio do Cristo e de irmãos mais adiantados de outros orbes, estaremos aptos para aprender a atuar sobre essas ocorrências sem que elas tragam prejuízos a nossa vida.

14. Em um dos programas do Pinga-Fogo[9], que foi ao ar numa das redes de televisão, tempos atrás, você compartilhou uma revelação de Emmanuel na qual ele afirmava que, por volta de 2057, a Terra estaria regenerada. Isso é passível de acontecer?

Temos que acompanhar com cuidado o estado de primitividade que ainda está presente em algumas nações mais inconsequentes, alimentando focos infecciosos de discórdias e ameaças.

Podemos afirmar que, a partir do momento em que a Terra tem se afastado da possibilidade dolorosa de uma grande guerra mundial, o orbe estará regenerado por volta des-

---

9 Pinga-Fogo foi um programa de televisão veiculado pela extinta TV Tupi Canal 4 de São Paulo. Estreou no ano de 1955 e terminou no início da década de 1980.

sa data, pois a maior parte dos espíritos profundamente perturbados e obscurecidos pela maldade não estará mais encarnada, nem nos planos espirituais inferiores que nos envolvem. Até lá, grande parte da limpeza astral já terá sido realizada, proporcionando uma melhor qualidade espiritual ao mundo, ficando apenas os espíritos mais inferiores que possuem condições favoráveis de renovação ao longo do tempo, bem como de crescerem de forma consciente. Mesmo nas condições espirituais mais leves da regeneração, ainda encontraremos arestas a serem reeducadas e problemas a serem superados até chegar a uma harmonia que espelhe as leis do Universo.

Jesus nos disse que não ficaria pedra sobre pedra que não fosse derrubada[10], demonstrando que os comportamentos que não seguirem o padrão de fraternidade deixarão de existir no novo cenário no qual o bem será o propósito essencial.

Quando um planeta conquista a possibilidade de ser reconhecido como um mundo regenerado, torna-se apto a caminhar com mais segurança e determinação para a categoria de um mundo ditoso, como está descrito em *O Evangelho segundo o Espiritismo*, em seu terceiro capítulo[11].

Com essas novas qualidades, estaremos prontos para sentir o que venha a ser a felicidade, tão desejada por nós, desde remota época.

---

10 Mateus, 24:1-2 – "E, quando Jesus ia saindo do templo, aproximaram-se dele os seus discípulos para lhe mostrarem a estrutura do templo. Jesus, porém, lhes disse: Não vedes tudo isto? Em verdade vos digo que não ficará aqui pedra sobre pedra que não seja derrubada.".
11 O Evangelho Segundo o Espiritismo, capítulo 3, Itens 3 a 5.

15. Como a espiritualidade maior tem atuado para que não ocorra outra grande guerra entre os homens, já que nos encontramos no limiar de concluir o tempo determinado pelo Governador do orbe?

À medida que se aproxima o término do período da moratória[12] concedido aos homens, têm-se efetivado, por parte de nossos orientadores, ações gerais mais ostensivas junto às criaturas para que suas escolhas determinem transformações positivas e felizes, beneficiando todos.

A aura energética do Cristo vem se reaproximando da Terra e os espíritos responsáveis pelos processos retificadores do planeta já se encontram a postos para agir sob o Seu comando no exato momento em que as circunstâncias favoráveis se encaminharem de forma inevitável.

As organizações humanas que ainda se sustentam na separatividade e na exclusividade de benefícios estão ruindo, dando uma falsa sensação de desmantelamento e desorganização da estrutura social. Na verdade, essa desestrutura promove a renovação necessária, como a brisa suave das bem-aventuranças repercutindo nas almas cansadas do mal. A revelação dos graves problemas sociais já é o reflexo da desarticulação dos status estabelecidos pelas trevas.

---

12 Ano de 2019 – Segundo registros, em 1986, Chico Xavier compartilhou com amigos algumas revelações recebidas da espiritualidade informando que, por ocasião da viagem até a Lua, em 1969, o Cristo convocou uma reunião destinada a deliberar sobre o futuro do planeta, junto a outros espíritos de alta hierarquia e responsáveis por nossa evolução. Ao final da reunião, decidiram por conceder uma moratória de 50 anos como última chance à humanidade – então no auge da Guerra Fria –, na qual todas as injunções cármicas previstas para se abaterem sobre nós no final do século 20 foram suspensas, a fim de que o nosso mundo tivesse mais uma oportunidade de progresso moral sem grandes catástrofes e intensos sofrimentos relativos à dureza de nossos corações. (N. do E.)

Todos nós desejamos muito viver em harmonia e que chegue o tempo em que todos os homens deem um basta nas limitações criadas pelo egoísmo e pelo separatismo.
Aí, então, o amor será o hino sagrado de todos os corações.

16. Teremos condições de perceber a ação sutil da espiritualidade nos acontecimentos pelos quais o planeta tem passado?

Sim, pois essa ação acontece naturalmente através do intercâmbio dos dois planos da vida, os quais se complementam no cumprimento das coisas. Aqueles que estiverem atentos aos deveres que lhes compete realizar tornam-se agentes do progresso. Cabe a cada um abrir a intimidade para receber essa influência e se tornar ativo na execução do que lhe for inspirado. Todas as áreas de atuação estão subordinadas diretamente à ação de nossos instrutores espirituais e todos que estão dispostos cooperam com eles.

A ação invisível da vida se efetiva inspirando e conduzindo as ocorrências no plano material e, num futuro próximo, promoverão esses intercâmbios de forma inquestionável e de maneira consciente. Os homens poderão entrar em contato com essa realidade através de equipamentos novos que ampliarão as possibilidades de comunicação entre os planos da vida, pois esse é o objetivo traçado pelo divino Amigo.

17. Nossas limitações são tantas – inclusive as sensoriais – que temos muita dificuldade de nos identificarmos com a nossa natureza espiritual. Como essa habilidade se desenvolverá a ponto de refletirmos a presença de Deus?

As condições psíquicas e físicas do homem espiritualizado serão outras em relação às que vemos na atualidade, pois assim é no plano espiritual mais elevado e em outros orbes que já se encontram em regeneração.

Com as novas potencialidades que os corpos perispirituais e físicos nos oferecerão na realidade dos mundos felizes, o desenvolvimento da inteligência conquistada até hoje será apenas um pequeno lampejo em comparação com a que alcançaremos.

A abertura desses patrimônios divinos fará com que obtenhamos progresso muito expressivo e o fenômeno energético do amor regerá as ações e as possibilidades para que a presença de Deus se expresse em nós com maior evidência.

18. Em vista das transformações que já ocorrem, o que pensar das condições dos quadros de miséria e limitações que encontramos em grande parte das pessoas e das sociedades espalhadas pelo orbe?

Precisamos entender que a miséria existente no planeta não foi gerada por Deus nem colocada na realidade existencial pelas mãos sábias do Mestre. A causa delas está na ignorância e nas imperfeições das próprias criaturas que criam e sustentam essas situações ao atender aos anseios de sua animalidade e de seu egoísmo. Quando trazemos miséria por dentro, ela se reflete no mundo que nos cerca. A energia que sustenta a vida no Universo é a da fraternidade, a do compartilhamento. Quando nos tornarmos conscientes dessa realidade, as situações infelizes sumirão de vez de nossas existências.

Mesmo nas condições transitórias de sofrimento o ser traz em si o potencial de riquezas guardadas no fundo da alma, independentemente das limitadas percepções do momento.

Jesus disse que o reino dos céus não vem com aparências exteriores[13]. Muitos homens da atualidade apresentam-se impecáveis na postura e na vestimenta, mas trazem por dentro a condição de verdadeiros miseráveis morais.

Na programação superior de Deus, as paisagens das misérias humanas se transformarão em belezas profundas, pois serão transmutadas em virtudes cuidadas pelas mãos do Condutor primeiro da caminhada de elevação dos homens da Terra.

19. Como se encontram os trabalhos espirituais junto às outras nações para que cada uma cumpra os compromissos referentes à regeneração?

A organização espiritual mundial – responsável pelas mudanças do planeta, pelo seu crescimento e sua melhoria no cenário universal – segue com segurança as linhas traçadas pela inteligência do Cristo.

Cada nação é conduzida por irmãos de hierarquia elevada, muito competentes, especializados nas diversas áreas a que foram chamados a atuar e de conformidade com as responsabilidades de cada nação.

Seja nos planos espirituais ou no físico, há uma gama de espíritos se dedicando para que os resultados esperados se concretizem no tempo ideal e nas circunstâncias previamente estabelecidas pelos projetistas da evolução.

---

13 Lucas, 17:20 – "E, interrogado pelos fariseus sobre quando havia de vir o reino de Deus, respondeu-lhes, e disse: O reino de Deus não vem com aparência exterior.".

Esperemos confiantes, cumprindo a parte que nos cabe dentro desse trabalho coletivo que envolve os dois planos da vida. A claridade que nasce do querido Mestre se fará cada vez mais perceptível entre nós e, assim, sentiremos a paz decorrente dessa presença.

20. Como entender o retorno do Cristo ao plano físico da Terra, tão aguardado por muitos?

Jesus é a fonte de sustentação das nossas vidas enquanto não conquistarmos o potencial pleno de nossos espíritos. Ao ser alcançado, esse potencial nos colocará em posição de independência das forças espirituais exteriores. A partir daí, a única força que existirá como fundamento será a presença de Deus em nós, que a tudo sustenta e à qual estaremos conectados eternamente.

A presença Dele se fará constante enquanto a Terra caminhar em direção a sua condição sublimada. Uma vez adquirida essa condição, surgirá para o espírito humano a autonomia espiritual sustentada diretamente pela comunhão com o Criador.

Fundamental ressaltar que a presença do Cristo que precisamos valorizar – assim como a Sua volta – é, ao nosso mundo íntimo, caracterizada pela predominância de nossos espíritos sobre a matéria. Aí compreenderemos o sentido real desse retorno de forma contínua.

Despertar em nós as condições do espírito imortal é o reflexo vivo da presença do Cristo, em nós, para sempre.

21. Com que olhar o Governador da Terra observa os acontecimentos atuais? Uma terceira grande guerra

parece-nos relativamente improvável, mas a humanidade ainda permanece muito distante das condições desejadas, alimentando padrões de inferioridade em expressiva parcela dela.

Nossos orientadores da vida maior afirmam que Jesus tem bons olhos para o atual momento da vida planetária e sente expressiva quantidade de espíritos preparados para a renovação moral.

Companheiros menos preparados ou mesmo contrários ao bem atuam ainda como instrumentos de aferição de valores. Estão dentro da proporção esperada nos quadros naturais de um processo de transição. Só uma parte deles não consegue acompanhar o crescimento que virá em função do tempo natural da sua criação e do momento em que aportaram no planeta Terra para o aprendizado que receberiam aqui.

O bem ainda não impressiona tanto quanto o mal nem é tão divulgado por aqueles que dominam – por enquanto – a mídia, caracterizando, nesse aspecto, uma negação da bondade do Pai e de Seu amor pelo planeta.

Não podemos contar a quantidade de pais dedicados à missão de educadores dos filhos que lhes são confiados, nem o número exato de trabalhadores honrados que lutam pela sobrevivência na vida, com dignidade e respeito. Há um grande número de espíritos – encarnados e desencarnados – ansiando pela paz e querendo o fim da violência e da maldade.

A limpeza se fará de forma natural e paulatina e, aos poucos, as coisas se ajustarão aos propósitos do Cristo.

22. Podemos esperar uma maior aproximação de Jesus da Terra regenerada?

Não tenho condições espirituais para dizer algo do divino Amigo. Sou um espírito em luta com minhas imperfeições e incapaz de representar Sua mensagem celestial. Disponibilizo meu pequeno e singelo esforço à feição das sementes de mostarda relacionadas em Seu Evangelho.

O que posso afirmar, com certeza, é que Ele sempre esteve próximo e se fará cada vez mais íntimo à medida que fizermos a nossa parte para merecer Sua presença.

Quando resolvemos galgar a subida de uma montanha, os que se encontram em seu pico convivem mais conosco.

Jesus e todo o grupo de espíritos elevados estarão mais presentes para nos auxiliarem na caminhada com consciência e determinação, na medida em que procurarmos, sinceramente, o céu em nós.

Tenho a certeza de que a imagem do Cristo no sopé da montanha a nos falar das bem-aventuranças se repetirá muitas vezes, trazendo consolo e fortalecimento diante das lutas, principalmente nesses momentos de aferição de valores. Então, poderemos ouvir Sua voz inigualável e melodiosa a nos ensinar como nos encontrar com o Pai, que nos aguarda desde sempre.

23. O que fazer para conquistar o direito de continuar evoluindo no planeta?

Cumprir com os compromissos familiares, sociais e espirituais de forma sincera e dedicada e não nos sintonizarmos com as perturbações passageiras que envolvem o planeta nesses dias.

O que realmente credencia a criatura a sair daqui é a prática consciente do mal. Ser objeto de sofrimento alheio, seja no âmbito pessoal ou coletivo, determinará o exílio desse educandário maravilhoso.

Em síntese: seguir com firmeza a prática do bem.

24. Ocorrerão mudanças em nossos perispíritos e corpos físicos a fim de nos adaptarmos às necessidades da regeneração?[14]

Certamente, e tudo transcorrerá sob o amparo amoroso de Jesus, que já tem estabelecidos os planos que proporcionarão essas mudanças, em todos os aspectos necessários.

A ação dos planos espirituais, em conjunto com a ciência humana, aumentará vertiginosamente em apoio a essas transformações em nível de percepções, sutilização dos corpos, capacidade dos recursos da visão, audição, entre outros. Ainda teremos o apoio de nossos irmãos de outros orbes, os quais ajudarão em todos os aspectos tecnológicos para superar as limitações nesse sentido e que podem vir a representar obstáculos à sobrevivência do ser nas novas condições de existência.

25. Que habilidades desenvolveremos no mundo de regeneração?

---

[14] *Futuro espiritual da Terra*, André Luiz, Segunda Parte, capítulo 4, *Alterações cirúrgicas nos perispíritos trazem alterações no corpo físico.*

A estrutura neural do homem ainda é limitada para expressar o potencial divino que herdamos de Deus. A atual capacidade de entendimento que temos diminui, em muito, a grandeza da Sabedoria Infinita que a tudo sustenta.

No futuro, seremos capazes de registrar as energias que estão por trás das formas, captar as emoções e instintos que emanam dos seres de reinos inferiores, perceber os sentimentos que envolvem as pessoas e os espíritos desencarnados que fazem parte de nossa vida. Nessa visão, conseguiremos perceber as abrangências de atuação nos planos físico e espirituais que farão parte natural do contexto da vida.

Mesmo a distância, estabeleceremos comunicações claras uns com os outros superando os limites da escrita, da fala e dos idiomas. Os veículos para deslocamento serão menos utilizados, bem como os recursos exteriores necessários à sobrevivência. A consolidação dessas habilidades tem por objetivo desenvolver nossa capacidade de viver na dinâmica energética do amor mais intensamente, apurando nossa comunhão com todos os seres e com o Criador. Essa é a finalidade de toda conquista evolutiva.

26. Como ficarão os aspectos religiosos no próximo período evolutivo do orbe?

Tudo na vida seguirá num processo de ajustamentos naturais e, aos poucos, os princípios da realidade espiritual influenciarão em todos os segmentos religiosos da Terra, criando uma predisposição à união de visão e da vivência sã da fé, que é a expressão do espírito.

Deixemos de lado os aspectos da adoração exterior para que a prática dessa realidade – decorrente de uma visão mais interior de nossa condição espiritual – seja a fonte de toda religiosidade na Terra.

O que vai preponderar não é a seita religiosa de cada um e, sim, os princípios espirituais universais que regem a vida de todos os seres.

Quanto maior a identificação do ser com a maturidade de seu relacionamento com Deus – e com o próximo –, mais o planeta cresce rumo à sua sublimação.

Seremos os templos vivos de Deus a atuar nas instituições religiosas, as quais nos acolherão como discípulos para que o Universo seja o grande santuário dos nossos espíritos.

27. Qual será o papel do Espiritismo no cenário do mundo?

A Doutrina dos Espíritos tem a função de despertar espiritualmente o homem, plantar a semente da verdade maior em sua mente, revelar de onde veio e para onde vai e, principalmente, revelar a verdadeira natureza do ser: sua condição de espírito imortal.

Ela também tem por fim combater o materialismo, consolar as dores humanas, esclarecer os desafios da morte, ampliar a visão quanto ao Universo e à presença de Deus. Na medida em que o homem se conscientizar desses valores e se identificar com a sua realidade espiritual, o Espiritismo terá cumprido a sua missão, permitindo que o ser desperte sua inteligência essencial para refletir a sabedoria do Criador através de si mesmo.

Chegará o dia em que a criatura será a fonte de sua própria religiosidade e espiritualidade sem necessitar de orientações de fora que a conduzam nesse campo, mesmo que essas sejam de irmãos da esfera espiritual superior.

No amanhã, os seres viverão em conexão direta com Deus e com o próximo, e esta será a manifestação mais expressiva da religião cósmica do amor, exemplificada pelo Mestre, quando esteve entre nós.

28. Em relação aos transtornos diversos do homem, sejam eles físicos ou espirituais, como se dará a conquista da saúde?

Sabemos que nossas doenças nascem da forma inadequada de viver e de nos relacionar com os outros. Sob a perspectiva da harmonia íntima, a humanidade será a manifestação da paz e do equilíbrio, fatores estes preventivos de quaisquer distúrbios que poderiam criar enfermidades e sofrimentos.

As limitações e dificuldades naturais existem para que possamos desenvolver a solução de todos os desafios que nos convocam ao crescimento.

Os problemas da saúde que têm desafiado os cientistas, especialmente os da Medicina e da Psicologia, contarão, num primeiro instante, com a própria inteligência humana acrescida do apoio da espiritualidade maior. Para o término definitivo das doenças, posteriormente, virá a contribuição dos irmãos de outros orbes.

Num futuro, um pouco mais além, o próprio ser será o médico de si mesmo, utilizando-se dos princípios curativos que traz em seu íntimo para sanar todos os males que poderiam afligi-lo.

Assim, nesses tempos, a Terra não terá mais características de um hospital e, sim, um ambiente de saúde integral, reflexo de todos os seres que habitam sobre ela.

29. Que transformações esperar na educação daqui para frente?

As medidas necessárias para as mudanças nesse setor encontram-se nas mãos dos melhores educadores da vida maior, sob a orientação direta de Jesus.

Podemos afirmar que os aspectos educacionais serão substituídos por métodos mais expressivos de investigação da verdade a partir de nós mesmos, para compreendermos nossa origem e natureza registradas na escrita viva da consciência. Após essa base, conhecimentos complementares nos serão dados pelas inteligências mais desenvolvidas para ampliar constantemente nosso aprendizado nos aspectos técnicos para ação prática nas várias áreas que envolvem o desenvolvimento do ser.

Se a razão foi a base do desenvolvimento humano, daqui para frente, a educação será fundamentada nas expressões dos sentimentos do espírito.

Em *O livro dos espíritos*, Allan Kardec indagou do irmão Agostinho, na questão de 919[15], como seria uma educação de nossas deficiências morais, ao que ele indicou o processo do conhecimento de si mesmo para possibilitar a reavaliação das limitações e efetivar mudanças de atitudes.

---

15 L.E. 919. Qual o meio prático mais eficaz que tem o homem de se melhorar nesta vida e de resistir à atração do mal? "Um sábio da antiguidade vo-lo disse: Conhece-te a ti mesmo."

Em *O livro dos espíritos*, na questão 685-a[16], Allan Kardec traz uma previsão dessa dinâmica quando indica a educação como fator essencial de crescimento, não a educação intelectual, mas a educação moral. Porém, ele não se refere à educação moral pelos livros, e, sim, à que se constitui na arte de formar os caracteres pessoais, à que incute hábitos, pois a educação é o conjunto dos hábitos adquiridos. Quando essa arte for conhecida, compreendida e praticada, o homem terá hábitos de ordem, de respeito e de previdência para consigo mesmo e para com todos.

O futuro educacional facilitará a libertação de nossos espíritos das grades escuras da ignorância que ainda existem em nós.

30. Como serão as habitações humanas na Terra regenerada?

Observando o desenvolvimento do espírito na Terra sobre a influência de uma espiritualização cada vez maior, suas necessidades de ordem material caminharão para uma sutilização na qual as habitações serão edificadas com materiais cada vez mais leves, com possibilidades de deslocamentos que permitam a cada ser se fixar onde lhes for mais necessário, adequado ou conveniente.

Desenvolveremos a habilidade de morar em várias partes do orbe durante as existências, quebrando o

---

16 L.E. 685a – "Não nos referimos, porém, à educação moral pelos livros e sim à que consiste na arte de formar os caracteres, à que incute hábitos, porquanto a educação é o conjunto dos hábitos adquiridos. (...) Quando essa arte for conhecida, compreendida e praticada, o homem terá no mundo hábitos de ordem e de previdência para consigo mesmo e para com os seus, de respeito a tudo o que é respeitável, hábitos que lhe permitirão atravessar menos penosamente os maus dias inevitáveis. A desordem e a imprevidência são duas chagas que só uma educação bem entendida pode curar. Esse o ponto de partida, o elemento real do bem-estar, o penhor da segurança de todos.".

condicionamento de pertencer a uma só nação, a uma cidade ou família para habitar em qualquer parte, ampliando experiências e laços de afeto.

Esse novo modo de viver vai nos preparar para, num futuro mais distante, não nos fixarmos em um orbe apenas, mas ter várias casas dentro do Universo, sendo que cada uma delas desenvolverá qualidades específicas da nossa inteligência espiritual. Quanto mais espiritualizados, mais elevados serão nossos afazeres e todos eles estarão voltados ao crescimento espiritual dos que se encontram na retaguarda evolutiva porque, no fundo, gostaríamos de vê-los identificados com a Vontade do Pai, assim como nós.

31. O que poderia nos dizer sobre a nova geração[17]?

Em seu livro *Obras Póstumas*, Allan Kardec fez algumas reflexões sobre a futura geração que habitará o nosso orbe e acredito que muitos de nós poderemos ter a bênção de receber a educação desses espíritos mais elevados pela porta bendita da reencarnação nas futuras oportunidades de retorno ao plano físico.

Alguns espíritos mais amadurecidos dessa geração já se encontram na Terra hoje, mas em número ainda pequeno. Na medida em que o tempo passar, seu contingente será maior a tal ponto em que serão a maioria.

Ao pensarmos na ordem elevada dos reencarnes desses espíritos na Terra, lembramos a assertiva do anjo à Maria quando lhe disse: "Bendita és tu entre as mulheres"[18], referindo-se ao nascimento de Jesus. Assim será para todos

---

17 Obras Póstumas, segunda parte, A nova geração, Lião, 30 de janeiro de 1866.
18 Lucas, 1:28 – "E, entrando o anjo aonde ela estava, disse: Salve, agraciada; o Senhor é contigo; bendita és tu entre as mulheres.".

nós quando tivermos a bendita oportunidade de nascermos como filhos desses corações nobres, sob as bênçãos do amor universal.

32. A fixação dessa nova geração se dará sem grandes conflitos?

Existem dois aspectos que modificarão as gerações. O primeiro é o da reencarnação de espíritos amadurecidos e nobres nas experiências da Terra para compor a nova geração e o segundo é a entrada de espíritos mais adiantados de outros planetas.

Espíritos de diversas partes do Universo se candidataram para trabalhar na melhoria das condições morais da Terra e se colocaram à disposição para nascer em seu seio e trazer as experiências adquiridas nos seus elevados orbes.

A mudança de espíritos que habitam a Terra se intensificará, pois um grupo sairá dela pelas condições de inferioridade e outro chegará com qualidades superiores para compartilhar, ensinar, auxiliar e despertar aqueles que se encontram predispostos ao crescimento. Nós os veremos entre nós, seja nos planos espirituais ou no mundo físico.

Suas características são a natural manifestação de todas as virtudes que ansiamos ter um dia e que serão alcançadas pela educação interior. Partem de seus orbes para nascer no meio de todos os povos da Terra a fim de reduzir as diferenças entre a velha e a nova geração, destacando-se a unificação pelos sentimentos nobres que lhes marcam a expressão. As futuras raças serão reconhecidas pelos valores do espírito predominando sobre as forças da matéria.

33. No livro *A gênese*, de Kardec, está escrito: "Quando todos os homens estiverem convencidos de que Deus é o mesmo para todos; (...) se considerarão filhos do mesmo Pai e se estenderão as mãos uns aos outros".[19] Poderia comentar algo a respeito?

A concepção que temos Dele também passará por ajustes para nos harmonizarmos intimamente à Sua realidade, encontrando-O em tudo e todos, sem as distorções que nascem da visão humana atual ainda muito materializada e que cria lutas separatistas.

Ao perdermos as deformações do nosso ser, Deus ficará cada vez mais nítido para nós, não tendo mais motivos para projetarmos Sua realidade em aspectos superficiais.

Passaremos a senti-Lo com a seiva fecunda que sustenta a vida.

34. Em *A gênese*, de Kardec, encontramos a seguinte informação: "Não se comporá exclusivamente de espíritos eminentemente superiores, mas dos que, já tendo progredido, se acham predispostos a assimilar as ideias progressistas e aptos a secundar o movimento de regeneração".[20] Como se dará, de fato, esse intercâmbio?

Muitas pessoas aguardam atingir uma condição especial de virtudes inabaláveis para se sentirem aptas a usufruir de suas existências na Terra regenerada. Estão enganadas, já que todos, aqui na Terra, somos espíritos em luta contra nossa primitividade latente.

---

19 *A gênese*, capítulo 18, item 17 – Allan Kardec – Editora FEB.
20 *A gênese*, capítulo 18, item 28 – Allan Kardec – Editora FEB.

Esqueçamos esse ideal falho de santidade precoce e procuremos fazer o bem o quanto possível, pois isso já será o suficiente para acalentarmos a esperança de seguirmos nesse educandário de amor.

O mundo de regeneração ainda comporta espíritos intermediários em sua evolução e não só elevados, os quais aumentarão na medida em que as transformações morais e espirituais se fizerem.

35. Neste mesmo livro e capítulo, no item 33, Kardec estaria endossando essa realidade ao dizer: "A regeneração da Humanidade, portanto, não exige absolutamente a renovação integral dos espíritos: basta uma modificação em suas disposições morais"?

Vamos analisar a palavra disposição que está no final do texto em reflexão. Ela implica a capacidade de abrir mão das tendências inferiores que nos marcaram a trajetória até aqui e explorar as disposições morais que precisamos desenvolver.

Muitos espíritos não abrem mão dessas tendências inferiores por acharem que serão infelizes sem elas. Estão em estado de crescimento natural inerente aos mundos de provas e expiações. Seria uma agressão mantê-los em outra posição de busca. Daí a necessidade de serem transferidos para um orbe que corresponda aos seus anseios mais profundos.

Somente aqueles que se sentem felizes no bem, na disciplina, na busca de mudanças e que têm predisposição para dar continuidade ao aprimoramento espiritual se sentirão felizes em viver na Terra daqui para frente.

36. Logo adiante, no item 33, lemos: "É de notar-se que em todas as épocas da história, às grandes crises sociais se seguiu uma era de progresso". É o que está acontecendo conosco agora?

Quando observamos os acontecimentos pela ótica limitada e imediatista do homem, sentimos que as previsões sobre o futuro e as conclusões sobre a verdade dos fatos são precipitadas e negativas. Nessa ótica, os aspectos elevados que regem a vida e a Inteligência Suprema não são levados em consideração.

Os seres que destoam desses propósitos são criaturas ignorantes, isoladas em seus interesses exclusivistas e que se alimentam de ilusão, ainda muito presentes na Terra, nos dois planos da vida. São as matrizes dos escândalos que chocam os dias atuais e que assumem o papel de processos de transformação moral para que a sociedade repense suas atitudes.

Ao passar pela luta purificadora, temos no Cristo o exemplo vivo que nos mostrou a caminhada que todos vamos trilhar. A nossa subida do Gólgota, em plena crucificação dos valores transitórios que nos sustentaram até agora, representa a busca pela verdade que é luz a ampliar a noção da imortalidade.

Temos a certeza de que, após a conturbação, virá a bonança.

37. Poderá também nos esclarecer sobre a reflexão de Kardec: "O velho mundo carcomido estala por toda parte; o velho mundo acaba e com ele todos esses

velhos dogmas, que só reluzem ainda pelo dourado que os cobre"?[21]

Hoje, o velho mundo está presente nos comportamentos que geram o mal e que serão deixados para trás. A ciência, com seus paradigmas superficiais e transitórios; as religiões, com seus conceitos separatistas e a política exploradora também são desse velho mundo. Para que a fé reapareça como essência divina, a nascer do próprio espírito como fonte imorredoura de entendimento e espiritualização, a ciência será irmã do amor, a política será fraterna e as perspectivas espirituais do ser devem preponderar na consolidação do processo regenerador.

38. Chico, Jesus nos acompanha nesses acontecimentos atuais?

O Cristo é o Alfa[22] do nosso planeta desde a sua formação, desde a nossa chegada nele e ainda agora está presente nessa fase de mudanças. Assim, também é o Ômega de sua evolução em direção à perfeição.

Ele tem transferido algumas responsabilidades mais diretas[23] que dizem respeito à evolução da Terra a outros companheiros da vida maior. Entre essas transferências estão responsabilidades nos vários setores administrativos do planeta, a exemplo de Helil – encarregado dos

---

21 *Obras póstumas*, Segunda Parte, Extratos, in extenso, do livro das Previsões concernentes ao Espiritismo, A minha primeira iniciação no Espiritismo, A Nova Geração – Allan Kardec – Editora FEB.
22 Alfa é a primeira letra do alfabeto grego e Ômega é a última. Jesus é o princípio e o fim.
23 No Livro *A caminho da Luz*, existem várias referências aos espíritos prepostos de Jesus. Vejamos no capítulo 4: "Nos círculos esotéricos, onde pontificava a palavra esclarecida dos grandes mestres de então, sabia-se da existência do Deus Único e Absoluto, Pai de todas as criaturas e Providência de todos os seres, mas os sacerdotes conheciam, igualmente, a função dos Espíritos prepostos de Jesus, na execução de todas as leis físicas e sociais da existência planetária, em virtude das suas experiências pregressas.".

problemas sociológicos da Terra e de Ismael – zelador dos patrimônios imortais que constituem a Terra do Cruzeiro.

Isso ocorre pela própria maturidade dos homens e dos espíritos que estão em seu aprendizado mais direto, que já começam e serão, cada vez mais, responsáveis diretos dos destinos e diretrizes do orbe, refletindo a grandeza majestosa do Pai.

O Mestre de nossas vidas começará a findar Sua participação mais direta nas escolhas individuais ou coletivas da humanidade depois dessa fase terrena. Em tempos de regeneração, o planeta viverá com um grau maior de consciência por parte de seus habitantes que serão mais responsáveis por suas próprias diretrizes e caminhará a passos largos rumo à autonomia proporcionada pela comunhão com a Fonte Eterna de amor.

Com o tempo, todos estarão aptos a auxiliar o desenvolvimento do globo e, com o amparo indireto dos espíritos iluminados, fazer desse mundo uma morada superior.

A dependência se desfaz na medida direta de nosso crescimento, tanto quanto um filho desgarra da tutela dos pais à medida que cresce e se direciona para a vida adulta.

Estamos adentrando a fase da maioridade espiritual e seremos chamados a assumir a postura de Filhos de Deus que atingem a realidade do que o Mestre nos disse: "Já não vos chamo servos, mas sim amigos".[24]

---

[24] João, 15:15 – "Já vos não chamarei servos, porque o servo não sabe o que faz o seu senhor; mas tenho-vos chamado amigos, porque tudo quanto ouvi de meu Pai vos tenho feito conhecer".

39. Chico, o que podemos esperar quanto à sua presença entre nós? Ela se fará cada vez mais ativa nesses dias de transição planetária?

Antes de tudo, apenas me reconheço na condição de mais um simples trabalhador, sem credenciais de superioridade. Busco o cumprimento dos deveres espirituais que me cabem tanto quanto esses deveres cabem a outros irmãos da espiritualidade que operam junto ao plano físico. Somos todos operários a executar as diretrizes organizadas pela mente sábia de Nosso Senhor Jesus Cristo.

É claro que a liberdade da ação espiritual fora da matéria nos permite mais facilidade para atuarmos em múltiplas tarefas do que quando estávamos mergulhados no corpo físico. Contamos com companheiros dedicados e operosos do plano material, os quais se dispõem a servir, abrindo-nos possibilidades de cooperar na implantação e no desenvolvimento de uma Terra melhor.

Pessoas acreditam que espíritos como eu e muitos outros do movimento espírita nos santificamos e nos elevamos à categoria de espíritos superiores ao virmos para o lado de cá. Enganam-se os que assim pensam.

Somos irmãos de caminhada, em diversas condições evolutivas, que entrelaçam as mãos para continuar a tarefa abençoada do Cristo. Apenas isso.

40. Ao observamos a nós mesmos e aos outros, parece-nos que não conseguiremos atender ao chamado transformador que o mundo pede. O que fazer?

Observamos a vida sem a amplitude que alcança todas as nuances das coisas e das existências, tirando, muitas vezes, conclusões precipitadas a respeito de tudo.

Em se tratando da natureza humana, temos em Jesus a certeza de que tudo se ajustará ao bem que é o determinismo da vida universal.

Só conhecemos verdadeiramente a maturidade de um ser quando as circunstâncias o convocam, de maneira direta, a uma tomada de decisões a respeito do seu modo de ser.

Inicialmente, todos esses ajustes ocorrerão de forma mais lenta, mas na medida em que desenvolvermos nossas habilidades espirituais, caminharemos a passos largos para a libertação definitiva do orgulho, que nos domina e enfraquece, e tem sido o obstáculo maior no processo de crescimento.

Quando isso acontecer, viveremos a predominância do espírito sobre a matéria. A evolução é inevitável para todos os espíritos, independentemente de onde e como estejam.

41. Qual nosso maior compromisso diante das lutas que ocorrem hoje?

O de nos colocarmos como alicerces vivos da renovação, como peças obedientes nas mãos dos orientadores que nos indicam o que devemos fazer.

De nada nos vale estudarmos o manancial do conteúdo de nossa Doutrina Espírita sem nos comprometermos realmente com suas verdades aplicadas a nós mesmos.

Quando Allan Kardec perguntou aos mensageiros do alto o que significaria a caridade na visão de Jesus, eles responderam: "benevolência para com todos, indulgência para as imperfeições dos outros e perdão das ofensas".[25] Não quero dizer, com isso, que devamos nos transformar em carrascos de nós mesmos, e, sim, estar vigilantes com as nossas imperfeições, pois elas merecem ser renovadas por uma dedicação educadora. Nós precisamos nos educar antes de pedirmos a educação dos semelhantes.

42. Apesar da seriedade com que realizamos os trabalhos profissionais, familiares e espirituais, temos sentido necessidade de buscar, cada vez mais, os escapes para podermos viver. Como administrar essa pressão?

Nossa atual condição de vida pode ser comparada à das crianças em um jardim de infância, onde elas buscam fontes de prazer nas brincadeiras e atividades recreativas. Os homens ainda colhem os efeitos da falta de maturidade espiritual, buscando na vida a diversão e os anseios imaginários de fantasias repletas de facilidades e encantamentos. A própria ânsia de felicidade absoluta é repleta desses aspectos e a maioria das criaturas só desperta para a realidade da vida com muitas decepções.

Esse processo faz parte da evolução humana e, na medida em que nos aproximamos da essência espiritual, vamos deixando para trás essas ilusões, pois perdem o encanto. Então, passamos a vislumbrar aspectos mais expressivos da vida que não estávamos preparados para assimilar, adotando objetivos mais sérios e espiritualizados, inclusive nos entretenimentos, que passam a ter características mais relevantes ao desenvolvimento interior, ao bem, entre outros temas.

---
25 O livro dos espíritos, questão 886.

As experiências de hoje serão somente lembranças históricas que mostrarão a transição do ser humanizado para sua condição de espírito imortal.

Mensagem final

Queridos irmãos, é para Jesus, nosso Mestre de bondade, que devemos direcionar todos os apelos e reverências. Sua mente augusta e sábia compreende o que é melhor para todos nós, pois nossos destinos estão eternamente vinculados ao Dele no tempo e no espaço.

Seu amor é apelo para que nossos espíritos se entreguem à luta reestruturadora que os tempos pedem.

Maria, Sua mãe e também nossa mãezinha espiritual, se tornou serva de Deus[26], deixando-nos o exemplo de cumprir a vontade superior, convocando-nos a atuar como servos e servas e atender à programação estabelecida pelo Criador, que desdobra para o mundo um horizonte de luz que ainda não pudemos vislumbrar.

Assumamos um posicionamento atuante no bem e empreguemos poderosas energias na renovação da nossa forma de viver, identificando-nos na realidade do espírito.

A sutilização do ser se fará em escalas gradativas, cada vez mais acentuadas e, na medida em que essa realidade se sobrepor às frágeis expressões da matéria, mais claramente enxergaremos o caminho reto a seguir e, com disposição infalível, voar ao encontro do Pai.

A leveza e a suavidade da vida nos moldes do espírito são as marcas de nossa caminhada rumo ao infinito.

---

26 Lucas, 1:38 – "Disse então Maria: Eis aqui a serva do Senhor; cumpra-se em mim segundo a tua palavra. E o anjo ausentou-se dela.".

Nada mais tenho a dizer, a não ser relembrar, para todos nós, a fala do nosso amoroso Condutor: "Vinde a mim, todos os que estais cansados e oprimidos, e eu vos aliviarei. Tomai sobre vós o meu jugo, e aprendei de mim, que sou manso e humilde de coração; e encontrareis descanso para as vossas almas.".[27]
Paz!

Chico Xavier
Belo Horizonte, setembro de 2016.

---

27 Mateus, 11:28-29.

Ficha Técnica

TÍTULO
Notícias de Chico

AUTOR
Espírito Chico Xavier
Psicografia de Samuel Gomes

EDIÇÃO
1ª

ISBN
978-85-63365-96-5

CAPA
Julio Portellada

PROJETO GRÁFICO
Lucas William

DIAGRAMAÇÃO
Lucas William

REVISÃO DA DIAGRAMAÇÃO
Nilma Helena

PREPARAÇÃO DE ORIGINAIS
Maria José e Nilma Helena

REVISÃO ORTOGRÁFICA
Camila de Felice e Nilma Helena

COMPOSIÇÃO
Adobe Indesign CC 2017
(plataforma Windows 7)

PÁGINAS
190

TAMANHO
Miolo: 16 x 23 cm
Capa: 53 x 23 cm

TIPOGRAFIA
Cambria Bold 43 pt
Cambria Math, 13 pt
Times New Roman, 9 pt

MARGENS
22 mm; 25 mm; 25 mm; 22 mm
(superior; inferior; interna; externa)

PAPEL
Miolo em Norbrite 66,6 g/m²
Capa em Suzano 250g/m²

CORES
Miolo: 1x1 CMYK
Capa: 4x0 CMYK

ACABAMENTO
Miolo: Brochura, cadernos de 32 páginas, costurados e colados.
Capa com laminação Soft Touch

IMPRESSÃO
AtualDV (Curitiba/PR)

TIRAGEM
Sob Demanda

PRODUÇÃO
Abril | 2022

[...]udo de dispon[...]
[...]ência numa esc[...]
[...]empo livre. Tant[...]
[...]oi "manuscrito" e[...]
[...]ventual nova et[...]
[...]est, nada dos ad[...]
[...]a consequência [...]
[...]tos, altamente li[...]
[...]passar, já que es[...]
[...] tempo real — u[...]
[...] sentir de from[...]
[...] foi apenas [...]

Nossas Publicações

SÉRIE AUTOCONHECIMENTO

DEPRESSÃO E AUTOCONHECIMENTO - COMO EXTRAIR PRECIOSAS LIÇÕES DESSA DOR

A proposta de tratamento complementar da depressão aqui abordada tem como foco a educação para lidar com nossa dor, que muito antes de ser mental, é moral.

Wanderley Oliveira
16 x 23 cm
235 páginas

FALA, PRETO VELHO

Um roteiro de autoproteção energética através do autoamor. Os textos aqui desenvolvidos permitem construir nossa proteção interior por meio de condutas amorosas e posturas mentais positivas, para criação de um ambiente energético protetor ao redor de nossas vidas.

Wanderley Oliveira | Pai João de Angola
16 x 23 cm
291 páginas

QUAL A MEDIDA DO SEU AMOR?

Propõe revermos nossa forma de amar, pois estamos mais próximos de uma visão particularista do que de uma vivência autêntica desse sentimento. Superar limites, cultivar relações saudáveis e vencer barreiras emocionais são alguns dos exercícios na construção desse novo olhar.

Wanderley Oliveira | Ermance Dufaux
16 x 23 cm
208 páginas

APAIXONE-SE POR VOCÊ

Você já ouviu alguém dizer para outra pessoa: "minha vida é você"?
Enquanto o eixo de sua sustentação psicológica for outra pessoa, a sua vida estará sempre ameaçada, pois o medo da perda vai rondar seus passos a cada minuto.

Wanderley Oliveira
16 x 23 cm
152 páginas

A VERDADE ALÉM DAS APARÊNCIAS - O UNIVERSO INTERIOR

Liberte-se da ansiedade e da angústia, direcionando o seu espírito para o único tempo que realmente importa: o presente. Nele você pode construir um novo olhar, amplo e consciente, que levará você a enxergar a verdade além das aparências.

Samuel Gomes
14 x 21 cm
272 páginas

DESCOMPLIQUE, SEJA LEVE

Um livro de mensagens para apoiar sua caminhada na aquisição de uma vida mais suave e rica de alegrias na convivência.

Wanderley Oliveira
16 x 23 cm
238 páginas

7 CAMINHOS PARA O AUTOAMOR

O tema central dessa obra é o autoamor que, na concepção dos educadores espirituais, tem na autoestima o campo elementar para seu desenvolvimento. O autoamor é algo inato, herança divina, enquanto a autoestima é o serviço laborioso e paciente de resgatar essa força interior, ao longo do caminho de volta à casa do Pai.

Wanderley Oliveira | Pai João de Angola
16 x 23 cm
272 páginas

A REDENÇÃO DE UM EXILADO

A obra traz informações sobre a formação da civilização, nos primórdios da Terra, que contou com a ajuda do exílio de milhões de espíritos mandados para cá para conquistar sua recuperação moral e auxiliar no desenvolvimento das raças e da civilização. É uma narrativa do Apóstolo Lucas, que foi um desses enviados, e que venceu suas dificuldades íntimas para seguir no trabalho orientado pelo Cristo.

Samuel Gomes | Lucas
16 x 23 cm
368 páginas

AMOROSIDADE - A CURA DA FERIDA DO ABANDONO

Uma das mais conhecidas prisões emocionais na atualidade é a dor do abandono, a sensação de desamparo. Essa lesão na alma responde por larga soma de aflições em todos os continentes do mundo. Não há quem não esteja carente de ser protegido e acolhido, amado e incentivado nas lutas de cada dia.

Wanderley Oliveira | Ermance Dufaux
16 x 23 cm
300 páginas

MEDIUNIDADE - A CURA DA FERIDA DA FRAGILIDADE

Ermance Dufaux vem tratando sobre as feridas evolutivas da humanidade. A ferida da fragilidade é um dos traços mais marcantes dos aprendizes da escola terrena. Uma acentuada desconexão com o patrimônio da fé e do autoamor, os verdadeiros poderes da alma.

Wanderley Oliveira | Ermance Dufaux
16 x 23 cm
235 páginas

CONECTE-SE A VOCÊ - O ENCONTRO DE UMA NOVA MENTALIDADE QUE TRANSFORMARÁ A SUA VIDA

Este livro vai te estimular na busca de quem você é verdadeiramente. Com leitura de fácil assimilação, ele é uma viagem a um país desconhecido que, pouco a pouco, revela características e peculiaridades que o ajudarão a encontrar novos caminhos. Para esta viagem, você deve estar conectado a sua essência. A partir daí, tudo que você fizer o levará ao encontro do propósito que Deus estabeleceu para sua vida espiritual.

Rodrigo Ferretti
16 x 23 cm
256 páginas

APOCALIPSE SEGUNDO A ESPIRITUALIDADE - O DESPERTAR DE UMA NOVA CONSCIÊNCIA

Num curso realizado em uma colônia do plano espiritual, o livro Apocalipse, de João Evangelista, é estudado de forma dinâmica e de fácil entendimento, desvendando a simbologia das figuras místicas sob o enfoque do autoconhecimento.

Samuel Gomes
16 x 23 cm
313 páginas

SÉRIE CONSCIÊNCIA DESPERTA

SAIA DO CONTROLE - UM DIÁLOGO TERAPEUTICO E LIBERTADOR ENTRE A MENTE E A CONSCIÊNCIA

Agimos de forma instintiva por não saber observar os pensamentos e emoções que direcionam nossas ações de forma condicionada. Por meio de uma observação atenta e consciente, identificando o domínio da mente em nossas vidas, passamos a viver conscientes das forças internas que nos regem.

Rossano Sobrinho
16 x 23 cm
268 páginas

 ## SÉRIE CULTO NO LAR

VIBRAÇÕES DE PAZ EM FAMÍLIA

Quando a família se reúne para orar, ou mesmo um de seus componetes, o ambiente do lar melhora muito. As preces são emissões poderosas de energia que promovem a iluminação interior. A oração em família traz paz e fortalece, protege e ampara a cada um que se prepara para a jornada terrena rumo à superação de todos os desafios.

Wanderley Oliveira | Ermance Dufaux
16 x 23 cm
212 páginas

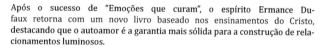

JESUS - A INSPIRAÇÃO DAS RELAÇÕES LUMINOSAS

Após o sucesso de "Emoções que curam", o espírito Ermance Dufaux retorna com um novo livro baseado nos ensinamentos do Cristo, destacando que o autoamor é a garantia mais sólida para a construção de relacionamentos luminosos.

Wanderley Oliveira | Ermance Dufaux
16 x 23 cm
304 páginas

REGENERAÇÃO - EM HARMONIA COM O PAI

Nos dias em que a Terra passa por transformações fundamentais, ampliando suas condições na direção de se tornar um mundo regenerado, é necessário desenvolvermos uma harmonia inabalável para aproveitar as lições que esses dias nos proporcionam por meio das nossas decisões e das nossas escolhas, [...].

Samuel Gomes | Diversos Espíritos
14 x 21 cm
223 páginas

SÉRIE DESAFIOS DA CONVIVÊNCIA

QUEM SABE PODE MUITO. QUEM AMA PODE MAIS

A lição central desta obra é mostrar que o conhecimento nem sempre é suficiente para garantir a presença do amor nas relações. "Estar informado é a primeira etapa. Ser transformado é a etapa da maioridade." - Eurípedes Barsanulfo.

Wanderley Oliveira | José Mário
16 x 23 cm
312 páginas

QUEM PERDOA LIBERTA - ROMPER OS FIOS DA MÁGOA ATRAVÉS DA MISERICÓRDIA

Continuação do livro "QUEM SABE PODE MUITO. QUEM AMA PODE MAIS" dando sequência à trilogia "Desafios da Convivência".

Wanderley Oliveira | José Mário
16 x 23 cm
320 páginas

e-book

SERVIDORES DA LUZ NA TRANSIÇÃO PLANETÁRIA

Nesta obra recebemos o convite para nos integrar nas fileiras dos Servidores da Luz, atuando de forma consciente diante dos desafios da transição planetária. Brilhante fechamento da trilogia.

Wanderley Oliveira | José Mário
14x21 cm
298 páginas

e-book

SÉRIE ESPÍRITOS DO BEM

GUARDIÕES DO CARMA - A MISSÃO DOS EXUS NA TERRA

Pai João de Angola quebra com o preconceito criado em torno dos exus e mostra que a missão deles na Terra vai além do que conhecemos. Na verdade, eles atuam como guardiões do carma, nos ajudando nos principais aspectos de nossas vidas.

Wanderley Oliveira | Pai João de Angola
16 x 23 cm
288 páginas

GUARDIÃS DO AMOR - A MISSÃO DAS POMBAGIRAS NA TERRA

"São um exemplo de amor incondicional e de grandeza da alma. São mães dos deserdados e angustiados. São educadoras e desenvolvedoras do sagrado feminino, e nesse aspecto são capazes de ampliar, nos homens e nas mulheres, muitas conquistas que abrem portas para um mundo mais humanizado, [...]".

Wanderley Oliveira | Pai João de Angola
16 x 23 cm
232 páginas

GUARDIÕES DA VERDADE - NADA FICARÁ OCULTO

Neste momento de batalhas decisivas rumo aos tempos da regeneração, esta obra é um alerta que destaca a importância da autenticidade nas relações humanas e da conduta ética como bases para uma forma transparente de viver. A partir de agora, nada ficará oculto, pois a Verdade é o único caminho que aguarda a humanidade para diluir o mal e se estabelecer na realidade que rege o universo.

Wanderley Oliveira | Pai João de Angola
16 x 23 cm
236 páginas

SÉRIE ESTUDOS DOUTRINÁRIOS

ATITUDE DE AMOR

Opúsculo contendo a palestra "Atitude de Amor" de Bezerra de Menezes, o debate com Eurípedes Barsanulfo sobre o período da maioridade do Espiritismo e as orientações sobre o "movimento atitude de amor". Por uma efetiva renovação pela educação moral.

Wanderley Oliveira | Ermance Dufaux e Cícero Pereira
14 x 21 cm
94 páginas

SEARA BENDITA

Um convite à reflexão sobre a urgência de novas posturas e conceitos. As mudanças a adotar em favor da construção de um movimento social capaz de cooperar com eficácia na espiritualização da humanidade.

Wanderley Oliveira e Maria José Costa | Diversos Espíritos
14 x 21 cm
284 páginas

Gratuito em nosso site, somente em:

NOTÍCIAS DE CHICO

"Nesta obra, Chico Xavier afirma com seu otimismo natural que a Terra caminha para uma regeneração de acordo com os projetos de Jesus, a caracterizar-se pela tolerância humana recíproca e que precisamos fazer a nossa parte no concerto projetado pelo Orientador Maior, principalmente porque ainda não assumimos responsabilidades mais expressivas na sustentação das propostas elevadas que dizem respeito ao futuro do nosso planeta."

Samuel Gomes | Chico Xavier
16 x 23 cm
181 páginas

 SÉRIE FAMÍLIA E ESPIRITUALIDADE

UM JOVEM OBSESSOR - A FORÇA DO AMOR NA REDENÇÃO ESPIRITUAL

Um jovem conta sua história, compartilhando seus problemas após a morte, falando sobre relacionamentos, sexo, drogas e, sobretudo, da força do amor na redenção espiritual.

Adriana Machado | Jefferson
16 x 23 cm
392 páginas

UM JOVEM MÉDIUM - CORAGEM E SUPERAÇÃO PELA FORÇA DA FÉ

A mediunidade é um canal de acesso às questões de vidas passadas que ainda precisam ser resolvidas. O livro conta a história do jovem Alexandre que, com sua mediunidade, se torna o intermediário entre as histórias de vidas passadas daqueles que o rodeiam tanto no plano físico quanto no plano espiritual. Surpresos com o dom mediúnico do menino, os pais, de formação Católica, se veem às voltas com as questões espirituais que o filho querido traz para o seio da família.

Adriana Machado | Ezequiel
16 x 23 cm
365 páginas

RECONSTRUA SUA FAMÍLIA - CONSIDERAÇÕES PARA O PÓS-PANDEMIA

Vivemos dias de definição, onde nada mais será como antes. Necessário redefinir e ampliar o conceito de família. Isso pode evitar muitos conflitos nas interações pessoais. O autoconhecimento seguido de reforma íntima será o único caminho para transformação do ser humano, das famílias, das sociedades e da humanidade.

Dr. Américo Canhoto
16 x 23 cm
237 páginas

SÉRIE HARMONIA INTERIOR

LAÇOS DE AFETO - CAMINHOS DO AMOR NA CONVIVÊNCIA

Uma abordagem sobre a importância do afeto em nossos relacionamentos para o crescimento espiritual. São textos baseados no dia a dia de nossas experiências. Um estímulo ao aprendizado mais proveitoso e harmonioso na convivência humana.

Wanderley Oliveira | Ermance Dufaux
16 x 23 cm
312 páginas

 ESPANHOL

MEREÇA SER FELIZ - SUPERANDO AS ILUSÕES DO ORGULHO

Um estudo psicológico sobre o orgulho e sua influência em nossa caminhada espiritual. Ermance Dufaux considera essa doença moral como um dos mais fortes obstáculos à nossa felicidade, porque nos leva à ilusão.

Wanderley Oliveira | Ermance Dufaux
16 x 23 cm
296 páginas

 ESPANHOL

REFORMA ÍNTIMA SEM MARTÍRIO - AUTOTRANSFORMAÇÃO COM LEVEZA E ESPERANÇA

As ações em favor do aperfeiçoamento espiritual dependem de uma relação pacífica com nossas imperfeições. Como gerenciar a vida íntima sem adicionar o sofrimento e sem entrar em conflito consigo mesmo?

Wanderley Oliveira | Ermance Dufaux
16 x 23 cm
288 páginas

 ESPANHOL INGLÊS

PRAZER DE VIVER - CONQUISTA DE QUEM CULTIVA A FÉ E A ESPERANÇA

Neste livro, Ermance Dufaux, com seus ensinos, nos auxilia a pensar caminhos para alcançar nossas metas existenciais, a fim de que as nossas reencarnações sejam melhor vividas e aproveitadas.

Wanderley Oliveira | Ermance Dufaux
16 x 23 cm
248 páginas

ESCUTANDO SENTIMENTOS - A ATITUDE DE AMAR-NOS COMO MERECEMOS

Ermance afirma que temos dado passos importantes no amor ao próximo, mas nem sempre sabemos como cuidar de nós, tratando-nos com culpas, medos e outros sentimentos que não colaboram para nossa felicidade.

Wanderley Oliveira | Ermance Dufaux
16 x 23 cm
256 páginas

ebook ESPANHOL

DIFERENÇAS NÃO SÃO DEFEITOS - A RIQUEZA DA DIVERSIDADE NAS RELAÇÕES HUMANAS

Ninguém será exatamente como gostaríamos que fosse. Quando aprendemos a conviver bem com os diferentes e suas diferenças, a vida fica bem mais leve. Aprenda esse grande SEGREDO e conquiste sua liberdade pessoal.

Wanderley Oliveira | Ermance Dufaux
16 x 23 cm
248 páginas

ebook

EMOÇÕES QUE CURAM - CULPA, RAIVA E MEDO COMO FORÇAS DE LIBERTAÇÃO

Um convite para aceitarmos as emoções como forma terapêutica de viver, sintonizando o pensamento com a realidade e com o desenvolvimento da autoaceitação.

Wanderley Oliveira | Ermance Dufaux
16 x 23 cm
272 páginas

ebook

SÉRIE REFLEXÕES DIÁRIAS

PARA SENTIR DEUS

Nos momentos atuais da humanidade sentimos extrema necessidade da presença de Deus. Ermance Dufaux resgata, para cada um, múltiplas formas de contato com Ele, de como senti-Lo em nossas vidas, nas circunstâncias que nos cercam e nos semelhantes que dividem conosco a jornada reencarnatória. Ver, ouvir e sentir Deus em tudo e em todos.

Wanderley Oliveira | Ermance Dufaux
11 x 15,5 cm
133 páginas

Somente ebook

LIÇÕES PARA O AUTOAMOR

Mensagens de estímulo na conquista do perdão, da aceitação e do amor a si mesmo. Um convite à maravilhosa jornada do autoconhecimento que nos conduzirá a tomar posse de nossa herança divina.

Wanderley Oliveira | Ermance Dufaux
11 x 15,5 cm
128 páginas

Somente ebook

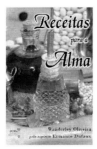

RECEITAS PARA A ALMA

Mensagens de conforto e esperança, com pequenos lembretes sobre a aplicação do Evangelho para o dia a dia. Um conjunto de propostas que se constituem em verdadeiros remédios para nossas almas.

Wanderley Oliveira | Ermance Dufaux
11 x 15,5 cm
146 páginas

Somente ebook

SÉRIE REGENERAÇÃO

FUTURO ESPIRITUAL DA TERRA

As necessidades, as estruturas perispirituais e neuropsíquicas, o trabalho, o tempo, as características sociais e os próprios recursos de natureza material se tornarão bem mais sutis. O futuro já está em construção e André Luiz, através da psicografia de Samuel Gomes, conta como será o Futuro Espiritual da Terra.

Samuel Gomes | André Luiz
16 x 23 cm
344 páginas

XEQUE-MATE NAS SOMBRAS - A VITÓRIA DA LUZ

André Luiz traz notícias das atividades que as colônias espirituais, ao redor da Terra, estão realizando para resgatar os espíritos que se encontram perdidos nas trevas e conduzi-los a passar por um filtro de valores, seja para receberem recursos visando a melhorar suas qualidades morais – se tiverem condições de continuar no orbe – seja para encaminhá-los ao degredo planetário.

Samuel Gomes | André Luiz
16 x 23 cm
212 páginas

A DECISÃO - CRISTOS PLANETÁRIOS DEFINEM O FUTURO ESPIRITUAL DA TERRA

"Os Cristos Planetários do Sistema Solar e de outros sistemas se encontram para decidir sobre o futuro da Terra na sua fase de regeneração. Numa reunião que pode ser considerada, na atualidade, uma das mais importantes para a humanidade terrestre, Jesus faz um pronunciamento direto sobre as diretrizes estabelecidas por Ele para este período."

Samuel Gomes | André Luiz e Chico Xavier
16 x 23 cm
210 páginas

SÉRIE ROMANCE MEDIÚNICO

OS DRAGÕES - O DIAMANTE NO LODO NÃO DEIXA DE SER DIAMANTE

Um relato leve e comovente sobre nossos vínculos com os grupos de espíritos que integram as organizações do mal no submundo astral.

Wanderley Oliveira | Maria Modesto Cravo
16 x 23cm
522 páginas

LÍRIOS DE ESPERANÇA

Ermance Dufaux alerta os espíritas e lidadores do bem de um modo geral, para as responsabilidades urgentes da renovação interior e da prática do amor neste momento de transição evolutiva, através de novos modelos de relação, como orientam os benfeitores espirituais.

Wanderley Oliveira | Ermance Dufaux
16 x 23 cm
508 páginas

AMOR ALÉM DE TUDO

Regras para seguir e rótulos para sustentar. Até quando viveremos sob o peso dessas ilusões? Nessa obra reveladora, Dr. Inácio Ferreira nos convida a conhecer a verdade acima das aparências. Um novo caminho para aqueles que buscam respeito às diferenças e o AMOR ALÉM DE TUDO.

Wanderley Oliveira | Inácio Ferreira
16 x 23 cm
252 páginas

ABRAÇO DE PAI JOÃO

Pai João de Angola retorna com conceitos simples e práticos, sobre os problemas gerados pela carência afetiva. Um romance com casos repletos de lutas, desafios e superações. Esperança para que permaneçamos no processo de resgate das potências divinas de nosso espírito.

Wanderley Oliveira | Pai João de Angola
16 x 23 cm
224 páginas

UM ENCONTRO COM PAI JOÃO

A obra também fala do valor de uma terapia, da necessidade do autoconhecimento, dos tipos de casamentos programados antes do reencarne, dos processos obsessivos de variados graus e do amparo de Deus para nossas vidas por meio dos amigos espirituais e seus trabalhadores encarnados. Narra também em detalhes a dinâmica das atividades socorristas do centro espírita.

Wanderley Oliveira | Pai João de Angola
16 x 23 cm
220 páginas

O LADO OCULTO DA TRANSIÇÃO PLANETÁRIA

O espírito Maria Modesto Cravo aborda os bastidores da transição planetária com casos conectados ao astral da Terra.

Wanderley Oliveira | Maria Modesto Cravo
16 x 23 cm
288 páginas

PERDÃO - A CHAVE PARA A LIBERDADE

Neste romance revelador, conhecemos Onofre, um pai que enfrenta a perda de seu único filho com apenas oito anos de idade. Diante do luto e diversas frustrações, um processo desafiador de autoconhecimento o convida a enxergar a vida com um novo olhar. Será essa a chave para a sua libertação?

Adriana Machado | Ezequiel
14 x 21 cm
288 páginas

1/3 DA VIDA - ENQUANTO O CORPO DORME A ALMA DESPERTA

A atividade noturna fora da matéria representa um terço da vida no corpo físico, e é considerada por nós como o período mais rico em espiritualidade, oportunidade e esperança.

Wanderley Oliveira | Ermance Dufaux
16 x 23 cm
279 páginas

NEM TUDO É CARMA, MAS TUDO É ESCOLHA

Somos todos agentes ativos das experiências que vivenciamos e não há injustiças ou acasos em cada um dos aprendizados.

Adriana Machado | Ezequiel
16 x 23 cm
536 páginas

RETRATOS DA VIDA - AS CONSEQUÊNCIAS DO DESCOMPROMETIMENTO AFETIVO

Túlio costumava abstrair-se da realidade, sempre se imaginando pintando um quadro; mais especificamente pintando o rosto de uma mulher.
Vivendo com Dora um casamento já frio e distante, uma terrível e insuportável dor se abate sobre sua vida. A dor era tanta que Túlio precisou buscar dentro de sua alma uma resposta para todas as suas angústias.
A partir de lembranças se desenrola a história de Túlio através de suas experiências reencarnatórias.

Clotilde Fascioni
16 x 23 cm
175 páginas

O PREÇO DE UM PERDÃO - AS VIDAS DE DANIEL

Daniel se apaixona perdidamente e, por várias vidas, é capaz de fazer qualquer coisa para alcançar o objetivo de concretizar o seu amor. Mas suas atitudes, por mais verdadeiras que sejam, o afastam cada vez mais desse objetivo. É quando a vida o para.

André Figueiredo e Fernanda Sicuro | Espírito Bruno
16 x 23 cm
333 páginas